Markus Seemann (Hrsg.)

Mutige Zeugen

# Mutige Zeugen

Katholiken zwischen
militärischer Pflichterfüllung
und Widerstand

*Markus Seemann (Hrsg.)*

**2020**

**Carola Hartmann Miles-Verlag**

*Bibliografische Information der Deutschen Nationalbibliothek*
Die Deutsche Nationalbibliothek verzeichnet diese
Publikation in der Deutschen Nationalbibliografie;
detaillierte bibliografische Daten sind im Internet über
www.dnb.de abrufbar.

© 2020 Carola Hartmann Miles-Verlag, Berlin
www.miles-verlag.jimdo.com
E-Mail: miles-verlag@t-online.de

Herstellung: Books on Demand, Norderstedt

Printed in Germany

ISBN 978-3-96776-005-7

# Inhalt

# Geleitwort

*„Jeder einzelne Mensch ist schon eine Welt,*
*die mit ihm geboren wird und mit ihm stirbt;*
*unter jedem Grabstein liegt eine Weltgeschichte."*
*(Heinrich Heine, Reisebilder)*

Auf meinem täglichen Weg zum Dienst fahre ich in nächster Nähe am Grab von Franz Reinisch (1903–1942) vorbei. Die Urne mit der Asche dieses österreichischen Pallottinerpaters ruht seit 1946 an der Gnadenkapelle der Schönstattbewegung in Vallendar. Mich als Soldaten hat dieser couragierte Glaubenszeuge schon vor vielen Jahren besonders angesprochen und bewegt. Er hat mir mit seinem Beispiel gezeigt, dass es nicht darauf ankommt, ob oder wie man kämpft, sondern wofür man kämpft. Franz Reinisch verweigerte den Dienst in der Wehrmacht bis zur letzten Konsequenz – nicht aus vermeintlicher Feigheit, sondern vielmehr mit einer bewundernswerten Tapferkeit, die seiner tiefen christlichen Überzeugung und seiner unerschütterlichen Glaubensstärke entsprang. Diese Haltung im Angesicht des Todes hat Josef Pieper bereits 1934 in seinem Traktat „Vom Sinn der Tapferkeit" in kristalliner Begriffsführung aus der thomistischen Tradition hergeleitet und gegen den damaligen Propagandaton eines heroischen Nihilismus entschieden abgegrenzt:

*„Bereitschaft erweist sich im Einsatz, und die Tapferkeit vollendet sich im Blutzeugnis. Das Martyrium ist der eigentliche und höchste Akt der Tapferkeit. Die Bereitschaft zum Martyrium ist die Wesenswurzel aller christlichen Tapferkeit. Es gibt keine christliche Tapferkeit ohne diese Bereitschaft."*

Auf viele Menschen, die in der privilegierten Zivilisationsidylle einer reichen Industrienation, in Frieden und Freiheit, in Wohlstand, Rechtssicherheit und Demokratie

**9**

aufgewachsen sind, mögen Piepers Sätze wie aus der Zeit gefallen wirken. Die Frage, ob ein derartiges Blutzeugnis auch heute und für uns noch zeitgemäß, erforderlich und verständlich ist, hat uns Martin Mosebach 2018 in seinem Buch „Die 21. Eine Reise ins Land der koptischen Martyrer" am aktuellen Beispiel wieder einmal bewusst gemacht:

*„Und doch sind diese Gestalten sehr weit von uns weggerückt, sie gehören zu einer anderen, uns kaum mehr verständlichen Zeit. Die grausame Art ihres Todes und die Festigkeit, ja Sturheit im Bekenntnis ihres Glaubens scheinen einander zu entsprechen und sind uns gleichermaßen unheimlich. Hat die westliche Welt mit ihrer Bereitschaft zu Diskussion und Dialog solche lebensfeindlichen Gegensätze nicht längst überwunden? Wir leben in einer Zeit strikter Privatisierung der Religion und wollen sie der säkularen Gesetzlichkeit unterworfen sehen. Es gibt einen gesellschaftlichen Konsensus der Ablehnung von Missionierung und Glaubenseifer. Hat all das den erbarmungslosen Alternativen von Glauben und Tod, Verrat des Glaubens und Leben nicht ein Ende bereitet?"*

Als mir Dr. Markus Seemann die schöne Aufgabe antrug, seinem Buch ein Geleitwort voranzustellen, habe ich gerne zugesagt. Denn etliche der von ihm skizzierten Lebensbilder kannte ich bereits aus der Lektüre seiner Beiträge für die gleichnamige Rubrik im KOMPASS, der Zeitschrift des Katholischen Militärbischofs für die Deutsche Bundeswehr. Die hier versammelten Porträts umfassen 21 Persönlichkeiten aus drei Jahrhunderten und reichen – in kriegsgeschichtlicher Perspektive – vom Siebenjährigen Krieg bis zum Zweiten Weltkrieg.

Der früheste Glaubenszeuge ist der Glatzer Kaplan Andreas Faulhaber (1713–1757), der auf Befehl des preußischen Königs Friedrichs II. hingerichtet wurde, weil er ein Beichtgeheimnis gewahrt hatte. Die Preußen ließen den Leichnam zweieinhalb Jahre am Galgen hängen, bevor ihn österreichische Truppen abnehmen und beisetzen lassen konnten. Bei einer kriegsbedingten Umbettung 1942 war an dem Schädelgaumen sogar noch ein Stückchen Zunge sichtbar. Das bis zum Galgen verteidigte Beichtgeheimnis erhielt sich in der gehüteten Zunge – gleichsam als stummes Zeugnis und beredtes Zeichen zugleich für die dialektische Dimension von Sprechen und Schweigen, Bekenntnis und Gedächtnis, Martyrium und Mysterium.

Der Herausgeber hat in seine Sammlung auch zwei Frauen aufgenommen, die in ihren Wesenszügen, Talenten, Lebenswegen und Schicksalen sehr unterschiedlich waren. Die westfälische Ordensschwester Maria Euthymia Üffing (1914–1955) war während des Zweiten Weltkriegs in Dinslaken in der Pflege von Kriegsgefangenen und Zwangsarbeitern tätig, die unter schweren und ansteckenden Krankheiten litten. Ihr selbstloser Einsatz brachte ihr den Ehrennamen „Engel der Liebe" ein. Die Clemensschwester führte ein aufopferungsvolles Leben in Gehorsam und in der Geborgenheit ihrer Ordensgemeinschaft. Sie starb bereits mit 41 Jahren an Krebs und wurde 2001 seliggesprochen.

Demgegenüber stand die Kabarettistin, Filmschauspielerin, Konvertitin und spätere Ordensschwester Isa Vermehren (1918–2009) mit ihrer Ziehharmonika „Agathe" immer wieder auf den Bühnen dieser Welt. Ihre frühe Abneigung und ihr Aufbegehren gegen den Nationalsozialismus zeigten sich schon in der Weigerung, die Hakenkreuzfahne zu grüßen – aus Solidarität mit einer jüdischen Mitschülerin. Ihr vielseitiges Talent bewies sie am systemkritischen Kabarett „Katakombe" ebenso wie in Filmrollen und mit erfolgreichen Schallplattenaufnahmen. 1943 war sie an der Ostfront zur Truppenbetreuung eingesetzt. Als Betroffene der NS-Sippenhaft überlebte sie die Konzentrationslager Ravensbrück, Buchenwald und Dachau. Nach dem Krieg trat sie im Anschluss an ein Studium in die Kongregation der Schwestern vom Heiligsten Herzen Jesu ein. Als begabte Pädagogin und erfolgreiche Schulleiterin wirkte sie ebenso segensreich wie als langjährige Sprecherin des „Wort zum Sonntag".

Neben bekannteren Vertretern des christlich motivierten Widerstands wie Pater Rupert Mayer, Franz Jägerstätter, Hellmuth Stieff und Wilm Hosenfeld stellt Dr. Markus Seemann verdienstvollerweise auch Menschen vor, die heute kaum noch in unserem Blickfeld stehen. Doch gerade sie verdienen es, als mutige Glaubenszeugen mit ihren biografischen Besonderheiten, konturierten Charakteren und prägnanten Persönlichkeitsprofilen wieder stärker wahrgenommen und als Vorbilder für uns heute betrachtet zu werden. Bei dieser Betrachtung stellt sich regelmäßig die Frage, was diese Menschen auszeichnet. Aus welchen Kraftquellen konnten sie schöpfen, um konsequent das zu tun, was ihnen ihr Gewissen gebot? Isa Vermehren betonte 1993 in einem Vortrag die Bedeutung des Gewissens als Letztinstanz in Zeiten, in denen eine Verwirrung und Verkehrung der Werte besteht:

*„Gewissen bindet uns an moralische Werte. Eine Gesellschaft ohne einen gewissen Wertekonsens hinsichtlich dessen, was sittlich gewollt und vom einzelnen gefordert werden muss, ist dem Untergang geweiht. Der von den Nationalsozialisten aufgestellte Wertekanon war ein verführerischer Wertekanon, wobei man nur jeden bedauern kann, der darauf reingefallen ist, der dafür sein Leben gegeben hat."*

Was die in diesem Buch geschilderten Persönlichkeiten auf ihren vielfältigen Lebenswegen und an den entscheidenden Stellen ihrer Existenz als Menschen und Christen auszeichnete, war im Letzten die Liebe – ihre Liebe zu den Mitmenschen, zur Wahrheit, zur Gemeinschaft und zu Gott. Das macht sie heute für uns so beispielhaft und überzeugend. Denn ihre eigene Überzeugung, ihre Wahrhaftigkeit, ihre Widerstandskraft, ihre Tapferkeit, ihre Leidensfähigkeit und ihre Glaubensstärke waren von der

Universalität und Unendlichkeit der göttlichen Liebe durchleuchtet und getragen. Der Prediger des Päpstlichen Hauses, Raniero Cantalamessa, sagte in der Karfreitagsliturgie 2015 zu dieser Haltung: „Die wahren Märtyrer Christi sterben nicht mit geballten Fäusten, sondern mit gefalteten Händen."

Ich wünsche diesem Buch viele Leser und seinen Lesern manche Anregung für eine nähere Befassung mit den 21 mutigen Zeugen, die uns darin so einnehmend und eindrucksvoll vorgestellt werden.

*Oberst i. G. Reinhold Janke,*
*Zentrum Innere Führung*

Höhr-Grenzhausen, 12. Mai 2020

# Vorwort des Herausgebers

Aus Anlass des 75. Jahrestags des Kriegsendes veröffentlichten die deutschen Bischöfe am 29. April 2020 ein Gemeinsames Wort, in dem sie sich zur Mitschuld der katholischen Kirche am Zweiten Weltkrieg bekannten. Anstelle eines eindeutigen „Nein" haben die meisten ihrer Amtsvorgänger den Willen zum Durchhalten gestärkt. Eine „besonders problematische und negative Rolle" wird dem Feldbischof Franz Justus Rarkowski bescheinigt, da dieser „die religiösen und spirituellen Kräfte der Soldaten ganz im Sinne der Wehrmachtsführung zu mobilisieren" gesucht habe.

Dieser nicht zu leugnenden Tatsache steht der Befund gegenüber, dass es auch in der Zeit des Nationalsozialismus engagierte Christen gab, die auf Grundlage ihres Glaubens handelten und sich in unterschiedlicher Weise widersetzten, sei es, dass sie unbeirrbar für ihre Überzeugung einstanden, dass sie Notleidenden unter Einsatz ihres Lebens halfen, oder indem sie die aktive Mitwirkung an einem verbrecherischen Krieg verweigerten. Einige wurden im Nachhinein zu Widerstandskämpfern und Märtyrern (v)erklärt, andere wirkten so im Verborgenen, dass sie nahezu in Vergessenheit geraten sind.

Im Rahmen meiner Tätigkeit als Leiter des Archivs des Katholischen Militärbischofs bin ich in Akten und Literatur wiederholt auf bewegende Lebensläufe gestoßen. 2017 begann ich, diese „Mutigen Zeugen" in der Zeitschrift „Kompass. Soldat in Welt und Kirche" zu würdigen. Positive Rückmeldungen waren verbunden mit der Anregung, diese in einem Band zu vereinen, um etwas Nachhaltiges in der Hand zu haben und zum Beispiel im Rahmen des von den Militärseelsorgern erteilten Lebenskundlichen Unterrichts darauf zugreifen zu können.

Den porträtierten Männern und Frauen ist gemeinsam, dass sie Angehörige der katholischen Kirche und in

14

irgendeiner Weise im militärischen Umfeld tätig waren. Dies ist letztlich dem Überlieferungsprofil des Archivs geschuldet, das auf die Geschichte der katholischen Militärseelsorge in Deutschland, vornehmlich im 20. und 21. Jahrhundert, fokussiert ist. Auf keinen Fall soll mit dieser Eingrenzung zum Ausdruck gebracht werden, dass es nicht ebenso unter evangelischen Christen, Angehörigen anderer Glaubensüberzeugungen oder Menschen, die jeglicher Religion fernstehen, mutige Zeugen gegeben hat.

Die Auswahl der Porträts, die in alphabetischer Reihenfolge erscheinen, strebt auch unter diesen engen Prämissen keinerlei Vollständigkeit an. Bei manchen Personen erwies sich die Quellenlage als zu dürftig, andere erschienen in ihrem Verhalten zu ambivalent, um eine Vorbildfunktion rechtfertigen zu können. Wiederum andere sind schon lange Gegenstand eines, zum Teil weit über die Geschichtswissenschaft hinausgreifenden Diskurses (vgl. die Debatte von 2019 um die moralischen Beweggründe Stauffenbergs), zu dem ein Porträt in dem vorgegebenen beschränkten Umfang kaum substanziell Neues beitragen könnte. Es erschien umso reizvoller, weniger bekannte Persönlichkeiten in den Blick zu nehmen – vom menschlich handelnden Wehrmachtsoldaten bis zum Kriegsdienstverweigerer aus Gewissensgründen, vom engagierten Feldseelsorger bis zur aufopferungsvoll tätigen Ordensschwester im Gefangenenlager.

In vielen Fällen waren diese „Mutigen Zeugen" auf sich und ihren Glauben allein gestellt, da ihnen weder militärische noch kirchliche Hierarchien Rückhalt boten. Ziel dieses Buches soll es daher weder sein, schuldhafte Verstrickung der Kirche zu relativieren, noch Begriffe wie „Widerstandskämpfer" oder „Heilige" allzu sehr zu strapazieren. Stattdessen geht es um das vorbildliche Verhalten einzelner Christen in Zeiten von Krieg und Gewalt –

mit besonderem, aber nicht ausschließlichem Augenmerk auf die unselige Zeit des „Tausendjährigen Reiches", die gottlob vor 75 Jahren ein frühzeitiges Ende fand.

Mein Dank gebührt der Verlegerin, Frau Carola Hartmann, die sich sofort bereit erklärt hat, das Buch zu veröffentlichen und die bei praktischen Fragen stets mit Rat, Tat und Kompetenz zur Seite stand. Ebenso herzlich danke ich Herrn Oberst i. G. Reinhold Janke vom Zentrum Innere Führung für das Geleitwort. Für die grundsätzliche Anregung zur Herausgabe der „Mutigen Zeugen" danke ich Prälat Prof. Dr. Helmut Moll und Prof. Dr. Reiner Pommerin. Unvollständig wäre das Buch ohne die Beiträge von Michael Fischer, Friederike Frücht und Martin J. Gräßler sowie die Fotos und Informationen, die mir von Archiven, Verlagen und Privatpersonen dankenswerterweise zur Verfügung gestellt wurden. Herrn Militärgeneralvikar Msgr. Reinhold Bartmann, Sr. Irenäa Bauer, Frau Doreen Bierdel, Frau Claudia Guske, Herrn Norbert Stäblein und Herrn Jörg Volpers danke ich für die stetige Unterstützung im eigenen Haus, ohne die das Erscheinen dieses Buches nicht möglich gewesen wäre.

*Dr. Markus Seemann,*
*Archiv des Katholischen Militärbischofs*

Berlin, 18. Mai 2020

# Todesstrafe für einen Beichtvater

Kaplan Andreas Faulhaber (1713–1757)

Nur sieben Jahre priesterlichen Wirkens waren Andreas Faulhaber aus dem böhmischen Glatz (heute Kłodzko / Polen) vergönnt. Am 30. Dezember 1757 wurde er auf Befehl Friedrichs des Großen hingerichtet. Anlass war, dass er einem Deserteur die Beichte abgenommen hatte und er sich weigerte, das Beichtgeheimnis preiszugeben. Sein Schicksal mahnt gleichermaßen an die Gewissensfreiheit des Einzelnen ebenso wie an ein Verständnis von Seelsorge, das auf Vertrauen und Verschwiegenheit beruht.

Andreas Faulhaber wurde 1713 in Glatz geboren. Die Stadt als Mittelpunkt der gleichnamigen Grafschaft gehörte damals zum Königreich Böhmen und war katholisch. Faulhaber, der aus einer wenig begüterten Familie entstammte, verdiente sich lange seinen Lebensunterhalt als Hauslehrer, ehe er Theologie studieren konnte. Im Alter von 37 Jahren empfing er die Priesterweihe im Prager Dom. Zu diesem Zeitpunkt war seine Heimatstadt bereits im Zuge des Ersten Schlesischen Krieges von Preußen erobert worden. Dies erschwerte die Lage der dort ansässigen Katholiken, die sich weiterhin gegenüber dem Haus Habsburg loyal fühlten. Faulhaber wurde Kaplan an der Glatzer Stadtpfarrkirche. Er schrieb nebenbei Gedichte und Kirchenlieder. Zusätzlich wurde ihm die Seelsorge an den in der Festung Glatz stationierten preußischen Soldaten übertragen. Sein Wirken wurde bald von weiteren kriegerischen Ereignissen überschattet, als Österreich im Siebenjährigen Krieg versuchte, Schlesien wiederzugewinnen. König Friedrich II. von Preußen sah sich dadurch gezwungen, die Truppen im grenznahen Glatz zu verstärken und weitere Soldaten auszuheben. Viele Einwohner versuchten sich dem zu entziehen. Sie waren nicht gewillt, auf preußischer Seite gegen ihre böhmischen Landsleute und katholischen Glaubensgenossen zu kämpfen.

*Ist Fahnenflucht eine große Sünde?*

Nicht wenige, die sich dem Kriegsdienst zu entziehen suchten, beichteten dies ihren Seelsorgern und erhofften sich damit von kirchlicher Seite eine Legitimation für ihre Fahnenflucht. Einer von ihnen war der 40-jährige Joseph Nentwig, der beim Versuch über die Grenze zu fliehen, aufgegriffen wurde. Im Verhör gab er zu Protokoll, er hätte Faulhaber im Beichtstuhl gefragt, ob es eine große Sünde sei, zu desertieren, wenn sich die Gelegenheit dazu biete, zumal er katholisch und der König evangelisch sei. Faulhaber soll ihm geantwortet haben, dass es zwar eine große Sünde sei, dass sie aber dennoch vergeben werden könne, was Nentwig als Freibrief verstand, den Fluchtversuch zu wagen. Offensichtlich versuchte Nentwig, der sich im Prozessverlauf in Widersprüche verstrickte, ein mildes Urteil für seine Fahnenflucht zu erwirken, wenn er die Verantwortung seinem Beichtvater anlasten konnte. Faulhaber verweigerte im Prozess unter Berufung auf das Beichtgeheimnis die Aussage. Während mehrmonatiger Festungshaft lehnte er jeden Rechtsbeistand ab und legte sein Schicksal ganz in Gottes Hand. Am 29. Dezember 1757 unterzeichnete der König gemeinsam mit dem Festungskommandanten Heinrich August de la Motte Fouqué, der aus einer Hugenottenfamilie stammte und als Katholikenhasser bekannt war, das Todesurteil gegen den Glatzer Kaplan. Faulhaber wurde am folgenden Morgen an einer Säule vor der Stadt neben einem böhmischen Spion gehenkt. Seine Leiche blieb dort zweieinhalb Jahre hängen. Erst als die Österreicher die Stadt zwischenzeitlich zurückeroberten, wurde ihm ein würdiges Begräbnis in der Stadtpfarrkirche gewährt. Der Deserteur Nentwig kam mit der vergleichsweise milden Strafe des Spießrutenlaufens davon.

*Justizmord aus Staatsräson*

Das rigorose Vorgehen gegenüber dem Seelsorger steht im Kontrast zum Bild des in Glaubensdingen toleranten „Alten Fritz", der den Katholiken in Berlin den Bau eines repräsentativen Gotteshauses gewährte und die Maxime vertrat, es müsse „ein jeder nach Seiner Faßon Selich werden." Die religiöse Toleranz stand jedoch für Friedrich stets innerhalb der engen Grenzen der Staatsräson. Und hier galt im schlesisch-böhmischen Grenzland ganz besonders, dass Katholiken und insbesondere solche, die in

Verbindung mit den Jesuiten standen, als österreich-freundlich und damit staatsfeindlich galten. Faulhaber wurde mehrfach als „Jesuitenpater" bezeichnet, obwohl er keinem Orden angehörte. Mit dem Todesurteil sollte ein Exempel statuiert werden und der katholische Klerus auf Loyalität gegenüber den neuen Herren eingeschworen werden. Wer als Priester einem „Verräter" die Absolution erteilte und ihm gegenüber keinen Gehorsam gegenüber der staatlichen Macht einforderte, machte sich selbst zum Verräter. Ob das Urteil nach damaligen Maßstäben als rechtskonform einzuschätzen ist, bleibt fraglich. Der Historiker Michael Hirschfeld spricht von einem Justizmord. Die Prozessakten sind indes heute verschollen.

*Nie ganz in Vergessenheit*

Bald nach der Beisetzung setzte eine Verehrung Faulhabers in Glatz ein. Ein evangelischer Reiseschriftsteller sprach sich 1791 für seine Ehrenrettung aus. Überregional erlangte Faulhaber kaum Bekanntheit, aber völlig vergessen wurde er nie. Unter anderem erschienen eine Novelle und ein Drama über den Fall. Nach dem Ersten Weltkrieg sammelte Militärpfarrer Franz Albert Spenden für ein Faulhaber-Denkmal, das aber nie errichtet wurde. Überlegungen zu einem Seligsprechungsverfahren in den 1930er Jahren verliefen im Sande. Während in der NS-Zeit Friedrich der Große als Vorläufer des „Führers" gefeiert wurde, war das Gedenken an einen Priester, der Opfer eines staatlichen Willküraktes geworden war, politisch nicht en vogue.

*Der Text stützt sich vor allem auf: Michael Hirschfeld, Ein Justizmord im Siebenjährigen Krieg. Der gewaltsame Tod des Glatzer Priesters Andreas Faulhaber (1713–1757) im Kontext der Eroberungs- und Kirchenpolitik von Friedrich II. von Preußen, in: Archiv für schlesische Kirchengeschichte 72 (2014), S. 141–158.*

# Der schwarze General

Generalleutnant Theodor Groppe (1882–1973)

„Keine Kaserne trägt seinen Namen. In den Darstellungen über den deutschen Widerstand gegen die Diktatur erscheint sein Name nicht oder nur am Rande," so der Historiker Horst Mühleisen. Ein Unrecht, war doch der streitbare Katholik nicht nur ein herausragender Offizier, sondern trat als einer der ganz Wenigen seines Berufsstandes dem Nationalsozialismus von Beginn an offensiv entgegen. Gestützt auf seinen christlichen Glauben bewies er Haltung, als Opportunismus die Regel war.

*Eine unverwüstliche Soldatennatur*

Albert Maria Theodor Groppe wurde am 16. August 1882 in Trier geboren. Seine Familie weist eindrucksvolle Persönlichkeiten auf. Theodors Vater Eduard setzte sich für „seine" Kirche ein und druckte in Zeiten von Bismarcks Kampf gegen die katholische Kirche Hirtenbriefe des Bischofs von Trier. In diesem Geist erzogen, trat Theodor Groppe 1900 in das 2. Lothringische Infanterie-Regiment Nr. 131 in Metz ein. 1901 Leutnant, 1910 Oberleutnant, besuchte er bis 1913 die Preußische Kriegsakademie in Berlin. Dort wurde er als „unverwüstliche Soldatennatur von hinreißender Frische und Verantwortungsfreudigkeit" beurteilt. Im Laufe des Ersten Weltkriegs diente er in verschiedenen Funktionen an der Ost- und Westfront. Dabei förderte er den Feldgottesdienst, ministrierte und stellte Lieder und Gebete für seine Soldaten zusammen. Bei der „Hunderttageoffensive" der Entente im August 1918 wurde seine Division eingeschlossen. Groppes dezimiertes Bataillon warf den überlegenen Feind zurück. Mit schwerer Verwundung im Lazarett liegend und der Verleihung der höchsten preußischen Auszeichnung, dem Pour le Mérite, endete der Krieg für ihn.

In der Reichswehr durchlief er Verwendungen in Truppe und Generalstab und wurde 1931 zum Oberst befördert. Trotz durchweg positiver Beurteilung war seine Verabschiedung für Frühjahr 1933 angedacht. Begründung: Er erscheine seiner „ganzen Weltanschauung nach für das Heer des zukünftigen nationalsozialistischen Staates ungeeignet". Seine Bindung an die katholische Kirche und Distanz zum Nationalsozialismus waren ausschlaggebend für dieses Urteil. Aber die neuen Machthaber benötigten für die Wiederaufrüstung erfahrene Offiziere. So wurde er wiedereingestellt und im Oktober 1937 zum Generalmajor befördert. Die NSDAP-Funktionäre nannten ihn „schwarzer General" oder, weniger höflich, „katholischer Hund". Groppe mied den Umgang mit ihnen und verbat sich den „Deutschen Gruß". In einer Wertung durch die Partei ist 1938 zu lesen, „dass Groppe im Geheimen gegen den Staat und die Partei eingestellt ist". Rudolf Heß erstattete Anzeige beim Reichskriegsministerium, da Groppe für die Beibehaltung konfessioneller Schulen eintrat und seine drei Kinder nicht den NS-Jugendorganisationen angehörten.

Groppes Haltung und Wirken zog in der Kirche weite Kreise. Am 16. April 1939 wurden er und seine Frau von Papst Pius XII. zu einer halbstündigen Privataudienz empfangen. Eine Ehre, die normalerweise Staatsoberhäuptern vorbehalten bleibt. Einzig der deutsche Angriff auf Polen am 1. September 1939 verhinderte seine erneut geplante Verabschiedung. Er wurde Kommandeur der 214. Infanterie-Division am „Westwall" im Saargebiet. 1940 ruhte der Krieg an der Westfront zunächst. Der General veranlasste, dass Sakralgüter aus Kirchen, die im Wirkungsbereich feindlicher Artillerie lagen, dem Bischof von Trier zur Aufbewahrung übergeben wurden. Die Einrichtung einer zweiten Pfarrstelle für die Division, die konsequente Durchführung der Gottesdienste und das angestrengte Kriegsgerichtsverfahren gegen einen Parteigenossen, der geplündert hatte, wurden bei der NSDAP aktenkundig. Den Gauleiter des Saarlandes ließ Groppe durch Feldgendarmen aus seinem Stabsquartier geleiten, als dieser sich für seinen Gefolgsmann verwenden wollte. Die Einrichtung von Bordellen in seinem Befehlsbereich verhinderte er. Unbestritten blieben seine militärischen Fähigkeiten; außerdem verfügte er über Förderer in höheren Dienststellen, etwa die Generale von Witzleben und Ritter von Leeb. Infolgedessen wurde er 1939 zum Generalleutnant befördert. Wenige Tage später hielt er bei der Beisetzung eines französischen Leutnants, der

Sarg mit der Trikolore beflaggt, die Grabrede. Dessen Familie dankte nach dem Krieg für diesen ritterlichen Akt.

*Verhinderung eines Pogroms*

Die Konfrontation mit der NSDAP verschärfte sich unterdessen weiter. Im Dezember 1939 informierte ihn einer seiner Bataillonskommandeure darüber, dass der Kreisleiter der NSDAP eine „spontane Volkskundgebung", ein Pogrom gegen jüdische Bürger, angeordnet habe. Groppe befahl der Division: „Ausschreitungen gegen die jüdische Bevölkerung sind, wenn notwendig, mit Waffengewalt, zu verhindern." Vor jedes von jüdischen Bürgern bewohnte Haus wurde ein Doppelposten gestellt. Die örtliche Parteileitung ließ daraufhin von ihren Plänen ab. Fast zeitgleich zog er sich die Feindschaft Heinrich Himmlers zu. Dieser hatte Ende Oktober 1939 in seinem „Zeugungsbefehl" die Männer der SS und Polizei dazu aufgerufen, auch außerhalb der Ehe genügend Nachwuchs „guten Blutes" zu zeugen, um die Kriegsverluste auszugleichen. Groppe sprach von der „Zerstörung der deutschen Familie" in Zeiten des Krieges. Es komme, so Groppe, zur Entscheidung „zwischen Gott und dem Satan". Auf Drängen des wütenden Himmlers wurde Groppe abgelöst und in die „Führerreserve" versetzt. Ausdrücklich legte ihm der Oberbefehlshaber des Heeres, Generaloberst Walther von Brauchitsch, für die „Zukunft auf weltanschaulichem und politischem Gebiet größte Zurückhaltung" auf.

Im unfreiwilligen Ruhestand konnte Groppe im Mai 1941 durch seine Zeugenaussage vor dem Sondergericht einen Angeklagten vor dem Todesurteil bewahren. Hitler persönlich verfügte am 26. April 1942, dass Groppe nunmehr zu entlassen sei. Die Berechtigung zum Tragen der Generalsuniform sowie der Dienstbezeichnung „Generalleutnant a. D." wurde aberkannt. Er wurde zum

Schanzdienst verpflichtet, war Luftschutzwart und wurde beim Werkschutz einer Platinschmelze in Hanau eingesetzt. Nach dem 20. Juli 1944 geriet auch Groppe, obwohl unbeteiligt, in den Strudel der Verfolgung. Zwar versuchten Kameraden ihn zu schützen, aber Himmler, der mit ihm persönlich verfeindet war, ließ ihn verhaften und in das Gefängnis nach Darmstadt verbringen. Im Januar 1945 erfolgte seine Verlegung auf die Festung Küstrin. Als Glück im Unglück erwies es sich, dass der Festungskommandant Major Leussing für vernünftige Unterbringung und Verpflegung der Gefangenen sorgte und die Ausführung von Himmlers Befehl verhinderte, die politischen Gefangenen nicht lebend in Feindeshand fallen zu lassen. Nach abenteuerlicher Flucht vor den Häschern der SS wurden die Gefangenen im Dorf Urnau in der Nähe des Bodensees von französischen Verbänden am 30. April 1945 befreit.

*Späte Ehren*

Als Groppe am 27. Oktober 1945 seine Familie in Hanau wieder traf, war die Wohnung zerstört und der Lebensunterhalt musste mühselig bestritten werden. Groppe begann Denkschriften zu verfassen, um Fragen der Pension für ehemalige Offiziere zu klären, korrespondierte hierfür mit Konrad Adenauer und den amerikanischen Besatzungsbehörden und trat als Sachverständiger sowie Zeuge in Spruchkammerverfahren gegen ehemalige Generale auf. Hart gegen Opportunisten und Karrieristen des NS-Systems, mild und ohne Hass bei den übrigen Kameraden. Bereits im Herbst 1945 trat er in die neugegründete CDU ein. Durch Verfügung des Bundesinnenministers wurde Groppe 1952 in alle Rechte als „Generalleutnant a. D." wiedereingesetzt. Papst Pius XII. würdigte sein Eintreten für die Kirche mit dem Komturkreuz des Ritterordens vom Heiligen Gregor.

Seinen Lebensabend verbrachte Groppe ab 1955 in Trier, wo er als Mitbegründer und Vorsitzender der Deutsch-Französischen Gesellschaft im Sinne der Völkerverständigung wirkte. Zum 90. Geburtstag, ein knappes Jahr vor seinem Tod, gratulierte ihm Bundesverteidigungsminister Georg Leber, Katholik und SPD-Mitglied, mit den Worten: „Ihre Tapferkeit und Ihre mannhafte Haltung als Soldat und Christ unter dem Nationalsozialismus sind unvergessen und bleiben beispielhaft." Auch sein Sohn, der Jesuit Lothar Groppe (1927–2019), blieb als Militärpfarrer, Dozent und Militärdekan an der Führungsakademie der Bundeswehr auf seine Weise dem Soldatenberuf verbunden.

*Der Text stützt sich vor allem auf: Horst Mühleisen, Theodor Groppe. Ein General im Widerstand gegen den Nationalsozialismus, in: Kurtrierisches Jahrbuch 27. Jahrgang, 1987, S.145–210; sowie: Thomas Marin (Hrsg.), Theodor Groppe – der „Schwarze General". Ein katholischer Soldat im Kampf für Recht und Sitte, Bad Schussenried 2008.*

## „Wir sind mit Bismarck fertig geworden – wir werden auch mit den Nazis fertig!"

Leutnant der Reserve Viktor Häfner (1896–1967)

Dass eine Zwischenlandung am Bodensee so großes Aufsehen erregte, damit haben die zwei Insassen des Junkers-Leichtflugzeugs nicht gerechnet. Sie waren allerdings in einer brisanten Mission unterwegs. Die Maschine war mit Flugblättern beladen, die über Italien abgeworfen werden sollten. Darin wurde die Bevölkerung zum Sturz der faschistischen Regierung unter Benito Mussolini aufgerufen. Beim Tankstopp und einem missglückten Start in Konstanz im November 1931 bekam die badische Polizei

Wind von der Aktion und nahm die beiden Männer fest. Es handelte es sich um einen unter falscher Identität reisenden Italiener und um den Berufspiloten Viktor Häfner, der im Ersten Weltkrieg in der bayerischen Fliegertruppe gedient hatte.

Der folgende Prozess gegen sie und weitere Gegner Mussolinis aus dem Umfeld der Widerstandsbewegung *Giustizia e Libertà* vor dem Landgericht Konstanz fand Beachtung in der nationalen und internationalen Presse. Sogar die *New York Times* berichtete. Auffallend ist, dass sich auch die bürgerlichen Blätter im (noch) demokratischen Deutschen Reich recht unverhohlen auf Seiten der italienischen Faschisten positionierten. Die liberale *Konstanzer Zeitung* warnte davor, es sich mit Mussolini „wegen einer Handvoll Hitzköpfe" zu verderben. In den Augen der meisten Prozessbeobachter hatten sie sich des Hochverrats schuldig gemacht, und man wunderte sich, wie sich ein ehemaliger deutscher Offizier daran beteiligen konnte.

## *Bayerischer Kampfpilot in Palästina*

Als Sohn eines Oberlehrers 1896 im südbadischen Brenden geboren, hatte Viktor Häfner die Oberrealschule in Mannheim ohne Reifezeugnis verlassen und eine Ausbildung zum Piloten absolviert. 1914 trat er in Schleißheim bei München als Unteroffizier in die zwei Jahre zuvor gegründete Fliegertruppe der Königlich Bayerischen Armee ein. Seine Personalakte im Bayerischen Kriegsarchiv liest sich eher unspektakulär. Die Vermögensverhältnisse waren geordnet, das Strafregister leer, seine Führung wurde als „sehr gut" bewertet. Während des Krieges erhielt er eine ganze Reihe von militärischen Auszeichnungen wie das Bayerische Militär-Verdienstkreuz 2. Klasse mit Schwertern. Er erreichte den Dienstgrad eines Leutnants der Reserve. Nachdem er an der Westfront unter anderem in der Schlacht an der Somme gekämpft hatte, war er im letzten Kriegsjahr im Einsatz in Palästina, damals noch Teil des verbündeten Osmanischen Reichs. Dort war er an Luftgefechten gegen die Briten beteiligt und wurde einmal leicht verwundet. Es ist anzunehmen, dass er auch mit jüdischen Siedlern in Kontakt kam.

Alles andere als geradlinig verlief sein weiterer Werdegang nach der Entlassung aus dem Militärdienst 1919. Er fand wieder eine zivile Anstellung als Pilot bei einer Vorläuferorganisation der Lufthansa. 1925 wurde er wegen Verrats militärischer Geheimnisse zu einer Strafe von fünf Jahren Gefängnis verurteilt, die er in Berlin-Spandau absaß. Er hatte wohl geheime Informationen nach Frankreich weitergegeben. In dem eingangs erwähnten Prozess in Konstanz 1931/32 wurde er dann nur zu einer geringen Geldstrafe verurteilt.

### Nach den Juden die Katholiken?

Die nur bruchstückhaft rekonstruierbare Biographie Häfners lässt neben einer gewissen Abenteurernatur eine klare weltanschauliche Haltung erkennen. Der bekennende Katholik hatte sich nach dem Ersten Weltkrieg politisch der SPD angeschlossen. Nach der Machtübernahme der Nationalsozialisten wurde für ihn die Situation in Deutschland zu brenzlig. Er floh ins Exil nach Paris, wo er wohl von französischen Juden materielle Unterstützung erhielt. Von dort wandte er sich am 29. Juni 1933 in einem Brief an Kardinalstaatssekretär Eugenio Pacelli, den späteren Papst Pius XII. Darin berief er sich darauf, dass er den Kardinal schon einmal von Berlin nach Freiburg geflogen hatte. Er bat ihn, sein Schreiben dem früheren deutschen Reichskanzler Franz von Papen zum Vortrag zu bringen, der als Unterhändler für den Abschluss des Reichskonkordats fungierte. Häfner verurteilte es, dass Vertreter des politischen Katholizismus wie

Papen die Regierung Hitler stützten und es dabei duldeten, dass „Glaubensgenossen eingesperrt, geschlagen, misshandelt werden". Aus eigener Schutzhafterfahrung konnte er zudem berichten, wie sadistisch dort ein jüdischer Mithäftling behandelt wurde. Etwas Vergleichbares habe er selbst als Soldat im Krieg nicht erlebt. Es sei „die größte Kulturschande der letzten Jahrhunderte, die wir deutsche Katholiken erleben müssen." Häfner prognostizierte, dass auf die Vernichtung der Juden durch den Nationalsozialismus die Vernichtung der Katholiken folgen würde. Er betonte stattdessen die menschliche Größe der Juden, die auch „uns Katholiken" helfen würden. Die Nationalsozialisten sollten vom Papst exkommuniziert werden. Seiner Hoffnung, Hitler zu besiegen, verlieh er in Anknüpfung an die Erfahrung der deutschen Katholiken im Kulturkampf Nachdruck: „Wir sind mit dem Fürst Bismarck fertig geworden, so werden wir auch mit den Nazis fertig."

Die Eingabe blieb folgenlos. Sie wurde in einer Akte mit dem Titel *La questione degli Ebrei in Germania* (Die Judenfrage in Deutschland) abgelegt; diese liegt heute im Vatikanischen Geheimarchiv. Nach nur wenigen Wochen kamen die Verhandlungen über das Reichskonkordat zum Abschluss. Die Kirche fand sich in dem Glauben wieder, die Gefahr einer Verfolgung durch die Nationalsozialisten gebannt zu haben. Auch die Einrichtung der Militärseelsorge profitierte langfristig vom Konkordat. Hitler verschaffte es gesteigertes Ansehen im In- und Ausland. Die verbrecherische Dimension des NS-Regimes wollten viele Zeitgenossen nicht für möglich halten.

Als die Wehrmacht Paris besetzte, zog Viktor Häfner nach London, wo die Gestapo erfolglos nach ihm fahndete. Nachdem er zu Beginn der dreißiger Jahre vor Mussolini und Hitler gewarnt hatte, verhalf ihm nur die rechtzeitige Flucht dazu, dass er die folgende Zeit unbeschadet überstand.

*Der Text stützt sich vor allem auf Personalunterlagen im Bayerischen Hauptstaatsarchiv – Abteilung Kriegsarchiv (Signatur OP 62199) und im Generallandesarchiv Karlsruhe (Signatur 465 E 4129); sowie: Hubert Wolf, Papst und Teufel. Die Archive des Vatikan und das Dritte Reich, München 2008.*

# „Ein typischer Vertreter der streitenden Kirche"

Kriegspfarrer Dr. Johann Anton Hamm (1909–1986)

Als Gefängnisseelsorger machte er das Los der inhaftierten Soldaten zu seinem eigenen. Eine liebevolle Hingabe in seinem Dienst am Nächsten wird ihm mehrmals bescheinigt. Am 22. August 1943 geriet er selbst in das Visier der Wehrmachtsjustiz und überlebte trotz widriger Umstände.

Johann Anton Hamm wurde am 27. März 1909 in Eschweiler geboren. Nach Theologiestudium und Promotion in Bonn wurde er am 21. Februar 1937 in Aachen zum

Priester geweiht. Drei Jahre waren ihm in seiner Arbeit als Kaplan in Richterich und in Breinig bei Aachen vergönnt gewesen, als das weltumspannende Kriegsgeschehen auch in dieses junge Priesterleben einbrach. Am 1. April 1940 in den Sanitätsdienst eingezogen, wurde er bereits ein Jahr später, am 6. Mai 1941, zum Kriegspfarrer ernannt und für den bevorstehenden Einsatz in der Sowjetunion nach Osten verlegt. Ab diesem Zeitpunkt führte er Tagebuch.

*„Keine Verfehlung, den Teufel zu überlisten"*
Wenige Tage nach dem Überfall begegnete er dem ersten Popen auf russischer Erde, „der noch lebt oder wenigstens nicht in die Verbannung verschleppt ist." Dazu notierte er: „Ich nehme mir den Dolmetscher, unsern Sonderführer, und lasse mir von dem Popen alles erzählen und zeigen."

Hamm begegnete Menschen gerne. Ihre Nöte und Gedanken nahm er mit Anteilnahme auf. In seinem Tagebuch schrieb er gefährlich offenherzig darüber; denn ein Kriegspfarrer, der Interesse für die Belange der Zivilbevölkerung zeigte, war von staatlicher Seite aus unerwünscht. Ab August 1941 war den Feldgeistlichen jede Amtshandlung „gegenüber der Zivilbevölkerung in den neubesetzten Ostgebieten" in einer Führerrichtlinie untersagt.

Doch die staatlich verordnete Ignoranz gegenüber der Bevölkerung entsprach nicht seinem priesterlichen Ideal. „Es ist keine Verfehlung, den Gegenspieler Gottes, den Teufel, zu überlisten." – Mit dieser ebenso mutigen wie kühnen, in seinem Tagebuch notierten Überzeugung begann Hamm, sein Priesterideal zu leben. In den ersten Kriegswochen war die Führerrichtlinie noch nicht überall bekannt. Die unklare Rechtslage machte sich Hamm zu Nutze: Er nahm nur Fernschreiben zur Kenntnis, die seine Seelsorgearbeit nicht behinderten und ignorierte die Gerüchte über ein Seelsorgeverbot. Schließlich taufte er 31 Menschen ungeachtet des Verbots und datierte die Taufen auf einen Zeitpunkt vor dem Verbot zurück.

Spätestens ab März 1943, als Seelsorger des Armeegefängnisses der II. Panzerarmee in Orel, stand Hamm unter Beobachtung. Ein zum Tode verurteilter Soldat, der über die stattgefundenen Seelsorgegespräche verhört worden war, konnte ihn noch warnen. Es mag überraschen, wie direkt und ungefiltert Hamm seine Gedanken aussprach. Sein christlicher Bekennermut, einem begabten, frommen und eifrigen Charakter entspringend, mag dabei eine Rolle gespielt haben. Seine Vorgesetzten beurteilten ihn aber nicht einheitlich. „Gesundheitliche Störungen haben gewiss zu seiner oft eigenartigen geistigen Verfassung beigetragen", bemerkte Georg Werthmann, der ehemalige Feldgeneralvikar der Wehrmacht, in einer sehr kurz und allgemein gehaltenen Charaktereinschätzung nach dem Krieg.

*Eine streitbare Persönlichkeit*

Genaueren Aufschluss über Hamm und die Umstände seiner Denunziation erhalten wir in seinem unveröffentlichten Manuskript „Verhaftung und Haft als Kriegspfarrer". In der Tat war Hamm gesundheitlich schwer angeschlagen. Seit Weihnachten 1942 war er einen Husten und eine Rippenfellreizung nicht mehr losgeworden. Nach einem Zusammenbruch um Ostern 1943 wurde er bei Riga, seinem letzten Dienstort als Kriegspfarrer, in ein Kriegslazarett eingeliefert und Ende August nach Deutschland in das Lazarett Garmisch-Badersee verlegt. Dort kam es zu einer verhängnisvollen Debatte mit einem fanatisierten Oberstleutnant, der zugleich SA-Standartenführer war und Hitler als größtes Vorbild besonders auch für katholische Priester empfahl. Einmal provoziert und in Fahrt geraten, soll Hamm einem kircheninternen Bericht zufolge außerdem „sehr ungeschickte Äußerungen im Kasino einem Leutnant gegenüber gemacht haben: brauche nicht mehr ins Feld, der Kriegsschauplatz komme sowieso näher her (…)."

Ende August 1943 wurde Hamm ohne Rücksichtnahme auf seine Gesundheit aus politischen und religiösen Gründen verhaftet. Zwei Gutachten, die seine Haftunfähigkeit bescheinigten, wurden ignoriert. Schwerstkrank wurde er schließlich wenig später aus dem Berliner Wehrmachtuntersuchungsgefängnis in ein Lazarett eingewiesen und unter Haftaufsicht gestellt. In aller Bedrängnis schreibt er eine Rechtfertigung – nicht für sich, sondern um „Christus und die Kirche vor der Welt zu verteidigen."

Nach der Verhaftung begann ein reger Schriftverkehr. Es galt, viele Zeugenaussagen für die bevorstehende Gerichtsverhandlung zu sammeln. Soldaten und Feldgeistliche beider Konfessionen zeigten sich in ihren Zuschriften überrascht; mit einer Verhaftung hatten sie nicht gerechnet. Einhellig bezeugten sie treue Vaterlandsliebe und vorbildliche Pflichterfüllung eines „wahrhaften Soldaten-Pfarrers". Allein das rheinische Temperament, das mit Hamm durchgehen könne, erkläre seine vorübergehende Unzurechnungsfähigkeit. Ein ärztliches Gutachten bescheinigte ihm eine niedrige Reizschwelle.

Doch wie sind die Aussagen zu beurteilen, die in der schwebenden Gefahr des Todes, aufgrund konkreter Anschuldigungen und für einen bestimmten Zweck gemacht wurden? Hamm stieß bei seinen Mitmenschen auf keine ungeteilte Zustimmung. Die Gestapo fand aus heutiger Sicht lobende Worte: „Er ist ein typischer Vertreter der streitenden Kirche, dem das Wohl des Staates hinter dem der Kirche steht!" Innerkirchlich zeigt sich jedoch eine gewisse Distanz und teilweise negative Beurteilung seiner

Persönlichkeit. Befürchtete man möglicherweise, dass Hamm durch sein eigenmächtiges und unüberlegtes Auftreten Sand ins Getriebe der Wehrmachtseelsorge streuen und diese insgesamt in Gefahr bringen könnte?

## *Verurteilung mit nicht absehbaren Folgen*

Angeklagt wegen öffentlicher Beleidigung des Führers und öffentlich fortgesetzter Zersetzung der Wehrkraft, hatte Hamm drei Verhandlungen zu überstehen. In der ersten Verhandlung zu zwei Jahren Gefängnis, Wehrunwürdigkeit und Verlust der bürgerlichen Ehre verurteilt, sollte auf Anordnung Keitels, Chef des Oberkommandos der Wehrmacht, in der zweiten Verhandlung ein schärferes Urteil gesprochen werden. Die dritte Verhandlung musste angesetzt werden, weil ein Zeuge nicht erschienen war. Schließlich bestätigte das Zentralgericht des Heeres am 25. März 1944 das ursprüngliche Urteil. Keitel, an den Kriegspfarrer Hamm viele Gnadengesuche für inhaftierte Soldaten geschrieben hatte, konnte trotzdem zufrieden sein. Die Gestapo nahm das Urteil formal zur Kenntnis; dann ordnete sie Sicherheitsverwahrung und Überstellung in das Konzentrationslager Dachau an. Dies konnte das Todesurteil bedeuten.

Hamm wurde dem Arbeitskommando im Heilkräutergarten zugeteilt und erhielt sogenannte Vorzugshaft. Er durfte wöchentlich einen Brief schreiben und seine Kopfhaare behalten. Fast dankbar schreibt er darüber an Feldgeneralvikar Werthmann – ein geschönter Bericht, der durch die Zensur ging.

Kurz vor Kriegsende als Geisel der SS nach Südtirol verschleppt und vor der beabsichtigten Liquidierung befreit, kehrte er bei Kriegsende nach Deutschland in den priesterlichen Dienst zurück. An den körperlichen Leiden hatte er weiterhin schwer zu tragen, sie machten seinen

Wunsch nach einer Verwendung in der neu aufgestellten Bundeswehr zunichte.

Hamm war in der Folgezeit in seiner Heimatdiözese als Gemeinde- und Gymnasialpfarrer sowie als Altenheimseelsorger tätig, ehe er 1965 in den Ruhestand versetzt wurde. Er verstarb am 15. Januar 1986 in seinem letzten Wohn- und Wirkungsort Bad Münstereifel. Johann Anton Hamm dürfte der einzige katholische Kriegspfarrer in der Wehrmacht gewesen sein, der in ein KZ eingewiesen wurde.

*Der Text stützt sich vor allem auf Unterlagen im Archiv des Katholischen Militärbischofs (Signatur SW 386); sowie auf J. A. Hamm, Als Priester in Russland. Ein Tagebuch, Trier, 2. Aufl. 1960.*

# Mehr Mönch als Wehrmachtgeistlicher?

Feldkurat und Wehrmachtoberpfarrer Josef Hofer
(1880–1957)

Der ehemalige Feldgeneralvikar der Wehrmacht, Georg Werthmann, hatte einen etwas ambivalenten Eindruck von der Persönlichkeit des Wehrmachtoberpfarrers Josef Hofer. In einem Manuskript vom 25. Juni 1945 bezeichnete er Hofer als „sehr klug und liebenswürdig, jedoch infolge seiner Vergangenheit als Kapuzinerpater oft von weltfremder Art." Er sei sowohl bei den Franzosen als auch beim Stab des deutschen Militärbefehlshabers in Paris sehr beliebt gewesen. Den Nationalsozialismus habe er abgelehnt. In der Dienstaufsicht habe er allerdings die Zügel nicht in der Hand gehabt und Organisatorisches vernachlässigt. Er sei doch „mehr Mönch als Wehrmachtgeistlicher".

*Zeuge eines Völkermords*

Josef Hofer stand über 30 Jahre und in drei verschiedenen Systemen im Dienst der Militärseelsorge. Er begann 1914 als Feldkurat in der österreichisch-ungarischen Armee, wurde 1921 Divisionspfarrer im Bundesheer der Republik Österreich, um 1938 seinen Dienst in der deutschen Wehrmacht fortzusetzen. Vorgezeichnet war dieser Weg keineswegs. Am 4. Juli 1880 als uneheliches Kind einer Wirtstocher in Lüsen (Südtirol) geboren, verließ der intelligente Bub mit 14 Jahren seine Heimat, um im Missionsseminar der Kapuziner in San Stefano bei Konstantinopel (heute Istanbul) zum Missionar ausgebildet zu werden. In Smyrna (heute Izmir), einer damals zur Hälfte von Christen bewohnten Stadt, empfing er 1902 die Priesterweihe. Danach war er in der Türkei unter anderem als Lehrer und Schulleiter an einer französischen Mittelschule tätig. Neben seiner deutschen Muttersprache beherrschte er Italienisch, Französisch, Türkisch, Neugriechisch und Latein.

Ende 1914, wenige Monate nach Beginn des Ersten Weltkriegs und seiner Ernennung zum Feldkuraten, entsandte ihn das österreichische Außenministerium zur geheimen Berichterstattung in die ihm vertrauten armenischen Siedlungsgebiete im Osten der Türkei. Im Frühjahr 1915 begann mit Deportationen der Völkermord an den Armeniern. Hofer wurde aufgrund seiner Spionagetätigkeit von den türkischen Behörden in Ankara inhaftiert und zum Tod am Strang verurteilt. Während des mehrtägigen Marsches zur Exekution nach Konstantinopel gelang ihm die Flucht. Nach Kriegsende hielt er in der Wiener Urania

Vorträge über die Verfolgungen der Armenier und seine persönlichen Erlebnisse. Laut Ankündigung ging es ihm darum, den Zuhörern „die unbeschreiblichen Leiden, welche die Armenier während des Krieges erdulden mussten" aufzuzeigen und ihnen „die guten Seiten" dieses mit Misstrauen beäugten christlichen Volkes näher zu bringen.

Der Todesstrafe entgangen, diente er während des Ersten Weltkriegs weiter als Feldkurat in der österreich-ungarischen Armee und wurde mehrfach ausgezeichnet. Sein Einsatzgebiet lag vor allem an der russischen Front. Nach Kriegsende fand er eine Anstellung in der Militärmatrikenabteilung in Wien und konnte ab 1921 seine Tätigkeit als Militärseelsorger wieder aufnehmen.

*Seelsorge für alle*

Mit dem Anschluss an das Deutsche Reich 1938 wurde eine Reihe von österreichischen Militärseelsorgern in die Wehrmacht übernommen. Es deutet einiges darauf hin, dass Hofer, der im Herzen ein Anhänger der K.-u.-K.-Monarchie geblieben war, seine Ernennung zum Wehrmachtoberpfarrer nur mit Widerwillen hinnahm. Werthmann meinte 1944 über ihn: „Er lehnt das Großdeutsche Reich zu tiefstem Herzen ab." Nach einem Jahr als Standortpfarrer in Krems und einer weiteren Verwendung als stellvertretender Wehrkreispfarrer in Kassel wurde Hofer, nicht zuletzt aufgrund seiner Sprachkompetenz, im Dezember 1940 als „Dienstaufsichtführender Katholischer Kriegspfarrer beim Militärbefehlshaber in Frankreich" nach Paris berufen. Sein Aufgabenbereich war vielfältig und nicht einfach. Zunächst hatte er alle Wehrmachtseelsorger im besetzten Frankreich zu koordinieren. Gleichzeitig verlangte sein Dienstposten diplomatisches Geschick, da er sowohl mit der deutschen Militärverwaltung als auch mit den französischen kirchlichen Stellen gutes Einvernehmen herstellen musste. Hinzu kam die Herausforderung, die Gefängnisseelsorge zu intensivieren und auf französische Gefangene der Wehrmacht auszuweiten. Couragierte Priester wie Theodor Loevenich und Franz Stock, die sich Hunderten von Gefangenen und Verurteilten ganz gleich welcher Herkunft und Weltanschauung annahmen und sie bis zur Vollstreckung des Todesurteils begleiteten, erhielten von ihrem Vorgesetzten Hofer den nötigen Rückhalt. Er wusste um die Belastungen seiner Mitbrüder, die unter nervlicher Anspannung litten. „In Paris reiben sich unsere Pfarrer buchstäblich auf", meldete Hofer nach Berlin. Er leistete zuweilen ganz praktische Hilfe, etwa indem er Franz Stock, dem das für den Weg zwischen den weit auseinanderliegenden Gefängnissen unentbehrliche Fahrrad gestohlen worden war, ein neues besorgte.

In seinen Tätigkeitsberichten bat Hofer wiederholt um personelle Verstärkung, zumal die Seelsorge an den französischen Zivilisten in den Wehrmachtgefängnissen (die überwiegend katholisch waren) die katholischen Kriegspfarrer weit mehr in Anspruch nahm als ihre evangelischen Kollegen. Allsonntäglich hielt er in der Kirche La Madeleine in Paris Wehrmachtgottesdienste, an denen bis zu 3.000 Gläubige teilnahmen. Wiederholt suchte er selbst die Wehrmachtgefängnisse in Fresnes, Cherche-Midi und La Santé auf und leistete Beistand bei Exekutionen. Französische Gefangene bezeugten nach Kriegsende, dass Hofer sie durch sein persönliches Eintreten vor der Hinrichtung gerettet hatte.

So viele Menschen wie möglich sollten nach Hofers Wunsch in den Genuss seelsorglicher Betreuung kommen. Auch in den Lagern der Organisation Todt versuchte er tätig zu werden; indes verhinderten die Lagerführer, dass entsprechende Angebote bekannt gemacht werden konnten. Ebenfalls an Grenzen stieß Hofer mit dem Ansinnen, in einem „Judenlager" bei Paris einen Weihnachtsgottesdienst zu halten. Laut seinem Seelsorgebericht vom 2. Januar 1942 befanden dort etwa 50 Christen jüdischer Abstammung, die um einen katholischen Gottesdienst gebeten hatten. Von der zuständigen Gestapo-Behörde empfing er eine glatte Ablehnung, die er wiederum dem Erzbischof von Paris meldete.

## Im Visier der Gestapo

Was genau den Ausschlag gab, um Hofer aus Paris abzuberufen, ist nicht klar ersichtlich. Offensichtlich war er in manchen Bereichen zu forsch vorgegangen, hatte sich mit den Franzosen gut gestellt und mit den tonangebenden deutschen Stellen auf Distanz gehalten. Er geriet ins Visier der Gestapo. Angeblich sei bereits seine Internierung in ein KZ beschlossen gewesen – einwandfrei belegen lässt sich dies allerdings nicht. In jedem Fall galt der Seelsorger als ideologisch unzuverlässig und war daher, trotz des persönlichen Wohlwollens des Militärbefehlshabers Carl-Heinrich von Stülpnagel, nicht länger in Paris zu halten.

Um Schlimmeres zu verhindern, wurde unter maßgeblicher Beteiligung des Feldgeneralvikars Ende 1943 Hofers zwangsweise Versetzung als Wehrkreispfarrer nach Danzig in die Wege geleitet. Dort wurde ihm die seelsorgliche Tätigkeit erschwert. Er versuchte, durch die Einführung regelmäßiger Standortgottesdienste eine Bindung der Soldaten aufzubauen. Wohl fühlte er sich in Danzig nicht. Bald schon konnte er seine abermalige Versetzung nach Innsbruck und im März 1945 die Pensionierung durchsetzen. Als Geistlicher im Ruhestand lebte er bis zu seinem Tod 1957 in St. Pölten. Es hätte zweimal, 1915 und 1943, nicht viel gefehlt, und Josef Hofers Leben wäre früher zu Ende gewesen.

*Der Text stützt sich vor allem auf Unterlagen im Archiv des Katholischen Militärbischofs (SW 432; WmS 6, 9, 21, 34). — Für Auskünfte dankt der Verfasser dem Diözesanarchiv St. Pölten, dem Archiv des Instituts für Zeitgeschichte München, dem Österreichischen Volkshochschularchiv Wien und dem Tiroler Landesarchiv Innsbruck.*

# „Wir sind alle mitschuldig."

Hauptmann Wilm Hosenfeld (1895–1952)

Als Władysław Szpilman den Offizier der deutschen Wehrmacht erblickte, musste er damit rechnen, dass es um ihn geschehen war. Hungrig und entkräftet hatte sich Szpilman 1944 in einem leerstehenden Haus in Warschau versteckt. „Machen Sie mit mir, was Sie wollen!", antwortete er resigniert dem Offizier auf die Frage, was er hier mache. Doch dieser ließ ihn nur auf einem Klavier Chopin vorspielen. Szpilman, aus einer polnisch-jüdischen Familie stammend, war ein begnadeter Musiker. In Berlin hatte er studiert, folglich sprach er gut deutsch. Ob er Deutscher oder Österreicher sei, wagte er den Uniformierten zu fragen. Der antwortete zu seinem Erstaunen: „Ja! Ich bin Deutscher! Und nach all dem, was geschehen ist, schäme ich mich dafür."

Szpilman konnte diese Episode später erzählen. Denn der Hauptmann verschonte den Eindringling nicht nur, er versorgte ihn noch über Wochen mit Lebensmitteln, hielt sein Versteck geheim und überließ ihm am Ende noch seinen Mantel. So überlebte er, konnte nach Kriegsende seine Erinnerungen veröffentlichen und lebte weiter als anerkannter Musiker und Komponist. Zwei Jahre nach seinem Tod, im Jahr 2002, kam sein Leben in dem Kinofilm „Der Pianist" auf die Leinwand. Den Namen seines Retters wusste Szpilman bei Kriegsende nicht. Als er ihn in Erfahrung gebracht hatte, wollte er sich bei ihm revanchieren. Doch ehe er ihn wieder treffen konnte, starb der gutherzige Hauptmann Hosenfeld 1952 in der Sowjetunion – verurteilt zu 25 Jahren Straflager.

*Kritischer Mitläufer und Pädagoge*

Wilhelm, genannt Wilm Hosenfeld, war im Zivilberuf, wie bereits sein Vater, Volksschullehrer. Er wurde 1895 im hessischen Mackenzell geboren. 1914-17 hatte er als Soldat am Ersten Weltkrieg teilgenommen. Von tiefer katholischer Frömmigkeit geprägt war er ebenso empfänglich für neue Ideen, etwa die Wandervogel-Bewegung oder die von Pestalozzi beeinflusste Reformpädagogik. Und auch die Kameradschaft unter den Soldaten prägte und begeisterte ihn. Er betrieb Sport und machte Musik, sein Hauptinteresse galt jedoch einer umfassenden Bildung der Jugend. 1920 heiratete er Annemarie, die aus einer evangelischen Künstlerfamilie stammte und pazifistisch gesinnt war. Seine Tagebuchaufzeichnungen und Briefe sowie die Erinnerungen seiner fünf Kinder zeichnen das Bild eines liebevollen Vaters, guten Pädagogen, frommen Christen und – zumindest zeitweilig – eines von den Verheißungen der neuen Zeit ergriffenen Parteigenossen. 1933 trat er in die SA ein, 1935 in die NSDAP. Er erhoffte sich mit Hitler eine Beseitigung der „Schmach" des Versailler Vertrags, einen nationalen Aufstieg und eine Verwirklichung der Ideale, die für ihn in der Jugendbewegung wie im Fronterlebnis wurzelten. Die Aufbruchstimmung, die in den großen Parteiversammlungen in Szene gesetzt wurde, faszinierte ihn. Er bleib dabei durchaus ein kritischer Geist, sowohl gegenüber der Ideologie als auch gegenüber manchen Parteifunktionären vor Ort. 1936 wurde ihm vom zuständigen Kreisleiter die Erteilung des Fortbildungsunterrichts untersagt, da er „nicht 100%iger Nationalsozialist" sei. Dennoch überwog bei ihm ein heute naiv erscheinender Glaube an das Gute im Nationalsozialismus. Als Scharführer in der SA, als Dorfschullehrer und gläubiger Katholik wollte er in der „Volksgemeinschaft" mit dabei sein, mitmarschieren und mitgestalten.

Negative Äußerungen über Juden, Polen oder andere Völker sind von Hosenfeld nicht bekannt. Im November 1938 notierte er: „Judenpogrome in ganz Deutschland. Es sind fürchterliche Zustände im Reich, ohne Recht und Ordnung, dabei nach außen Heuchelei und Lüge." Äußerungen gegen das Regime sollten sich in den Folgejahren häufen, vor allem in den Briefen an seine Frau. Wären sie bekannt geworden, hätte man ihn leicht wegen „Wehrkraftzersetzung" ans Messer liefern können. Im September 1939 wurde der mittlerweile 44-Jährige abermals einberufen. Er sah den Krieg mit gemischten Gefühlen, hielt ihn am Anfang noch für gerechtfertigt und war grundsätzlich wie schon 25 Jahre früher gern Soldat. Als Reserveoffizier wurde er im besetzten Polen stationiert. Zu seinen Hauptaufgaben zählte der Aufbau einer Sportschule für Wehrmachtsoldaten in Warschau, die verbunden war mit beruflichen Fortbildungskursen. Er blieb Pädagoge, wenn auch für eine andere Klientel als im Dorfschulhaus daheim in Thalau in der Rhön.

*„Ich versuche jeden zu retten."*

Im Juli 1942 vertraute er seinem Tagebuch an, dass Terror und Gewalt im besetzten Warschau an der Tagesordnung waren. Er hatte erfahren, dass Juden zu Tausenden erschossen und vergast wurden. „Aber man kann das alles nicht glauben, nicht nur aus Sorge um die Zukunft unseres Volkes, das ja einmal diese Ungeheuerlichkeiten büßen muss, sondern deswegen, weil ich nicht glauben will, dass Hitler so etwas will, dass es deutsche Menschen gibt, die solche Befehle geben. Es gibt nur eine Erklärung, sie sind krank, anormal oder wahnsinnig." Zur Einsicht, dass die nationalsozialistische Besatzungsherrschaft und Kriegführung durch und durch verbrecherisch waren, gelangte er erst allmählich. Zunehmend belastete ihn der Gedanke, dass das deutsche Volk damit eine Schuld auf sich genommen habe, die nicht gesühnt werden könne. Resigniert schrieb er im Juni 1943: „Mit diesem entsetzlichen Judenmord haben wir den Krieg verloren. Eine untilgbare Schande, einen unauslöschlichen Fluch haben wir auf uns gebracht. Wir verdienen keine Gnade, wir sind alle mitschuldig."

Wilm Hosenfeld verzweifelte schier an den Verbrechen, die von seinen eigenen Leuten begangen wurden. Einen politischen Umsturz herbeizuführen lag außerhalb seiner Möglichkeiten. Stattdessen versuchte er im Einzelfall zu helfen – spontan, aus Mitmenschlichkeit, immer dann, wenn sich eine Chance auftat. „Ich versuche jeden zu retten, der zu retten ist", schrieb er einmal. Darunter waren ein polnischer katholischer Priester, ein deutscher Kommunist und jüdische Angestellte seiner Sportschule – von vielen ist nicht einmal der Name bekannt. Er rettete ihnen das Leben, indem er sie versteckte, mit Lebensmitteln versorgte oder ihnen unter einem Vorwand einen Arbeitsauftrag und eine falsche Identität verschaffte. Für ihn selbst war dies höchst riskant. Dass er Mitwisser bei seinen Vorgesetzten wie bei seinen Untergebenen hatte, die ihn deckten, ist zu vermuten.

Dass er nicht allen helfen konnte, belastete ihn. Seinem ältesten Sohn, der inzwischen selbst Soldat war, vertraute Wilm Hosenfeld bei einem Heimaturlaub an, dass er Zeuge geworden war, wie ein SS-Mann einen polnischen Jungen mit der Waffe offensichtlich zur Erschießung abführte, da dieser ein Bündel Heu mitgenommen hatte. Er flehte ihn an, er könne doch das Kind nicht umbringen, doch der SS-Mann drohte ihm nun selbst mit der Waffe und befahl ihm zu verschwinden. Hosenfeld sah das Verbrechen, und er sah seine eigene Machtlosigkeit.

### *„Der einzige Mensch in deutscher Uniform"*

Halt fand Hosenfeld im christlichen Glauben. Dabei war er nicht unkritisch der Amtskirche gegenüber und manchem ihrer Vertreter wie einem namentlich nicht genannten Feldgeistlichen, der ihm „zu derb im Ausdruck" war und dessen Predigt er geradezu für eine Entgleisung hielt. Hosenfeld war regelmäßiger Kirchgänger, er besuchte auch polnische Gottesdienste und hatte sein Schott-Messbuch auch noch in der Gefangenschaft bei sich. „Das Gebet ist mein Trost und Impuls", schrieb er 1946. Die Hoffnung auf eine Entlassung aus der Kriegsgefangenschaft zerschlug sich, nachdem er 1950 von einem sowjetischen Militärgericht wegen angeblicher Kriegsverbrechen zu 25 Jahren Haft verurteilt worden war. Er erlitt mehrere Schlaganfälle, wurde vermutlich gefoltert und starb zwei Jahre später, ohne seine Familie wiederzusehen.

Der Pianist Szpilman urteilte über Hosenfeld, er sei „der einzige *Mensch* in deutscher Uniform" gewesen, dem er begegnet sei. Ehre wurde ihm erst lange nach seinem Tod zuteil. 2007 nahm sein Sohn stellvertretend den polnischen Orden „Polonia Restituta" entgegen. Seit 2008 wird Wilm Hosenfeld von der Gedenkstätte Yad Vashem zu den „Gerechten unter den Völkern" gezählt. Seine bewegenden und authentischen Briefe und Tagebucheinträge wurden, sofern erhalten, vom Militärgeschichtlichen Forschungsamt als fast 1200 Seiten starkes Buch herausgegeben. Nur über die Rettung Szpilmans hat Hosenfeld selbst nichts hinterlassen.

*Der Text stützt sich vor allem auf: Wilm Hosenfeld, „Ich versuche jeden zu retten". Das Leben eines deutschen Offiziers in Briefen und Tagebüchern, hrsg. vom Militärgeschichtlichen Forschungsamt, München 2004.*

# Ein Jurist vertraut seinem Schutzengel

Rittmeister der Reserve Paulus van Husen (1891–1971)

„Ich bete auch, dass der Kopf drauf bleibt", rief Bischof Clemens Graf von Galen dem Verschwörer auf der Treppe hinterher, der ihn im Oktober 1943 zu einem konspirativen Gespräch aufgesucht hatte. Das Gebetsanliegen sollte sich erfüllen. Paulus van Husen gelang es trotz Mitwisserschaft in die Pläne des 20. Juli der Todesstrafe zu entgehen. Das nahezu kindliche Vertrauen des tiefgläubigen Katholiken in seinen Schutzengel mag dazu ebenso seinen Beitrag geleistet haben wie das geschickte

Agieren des versierten Juristen in den Verhören. Nach Kriegsende schrieb van Husen seine Autobiographie nieder und hielt sie Zeit seines Lebens unter Verschluss, bis Jahrzehnte später sein Großneffe Manfred Lütz den Schatz auf 900 Schreibmaschinenseiten barg und ans Licht der Öffentlichkeit brachte.

*Hoch zu Ross mit Schokolade in der Tasche*

Paulus van Husen wurde 1891 in eine gläubige katholische Arztfamilie in Horst (heute zu Gelsenkirchen gehörig) hineingeboren. Sein Studium der Rechtswissenschaften in Münster, Oxford, München und Genf ermöglichte ihm bei aller Verwurzelung den Blick über den Tellerrand. 1912/13 leistete der 1,90 m groß gewachsene junge Mann den Dienst als Einjährig-Freiwilliger im Husarenregiment Nr. 8 in Paderborn. Im Kaiserreich war dies eine elitäre Form des Wehrdienstes. Als Offiziersanwärter genoss der Rekrut einen privilegierten Status, hatte aber auch alle Kosten selbst zu tragen – van Husen musste in einem Jahr für Pferd, Wohnung, Uniform etc. mehr als das Doppelte eines Amtsrichterjahresgehalts aufwenden. Ein Jahr später wurde er wiederum eingezogen und diente über vier Jahre im Ersten Weltkrieg. Was mit dem siegesgewissen Stolz des Kavallerieoffiziers begann, endete für ihn mit der „Verzweiflung über den nutzlosen Tod von Millionen, über das Ende der bisherigen Ordnung sowie die Angst vor der Zukunft". Van Husen war ein treuer Soldat, aber kein Militarist. Er sah es für nützlicher an, in der Pistolentasche anstelle eines Revolvers Schokolade (als potentielles Geschenk auch in brenzligen Situationen) mitzunehmen und zog es vor, sich zur Selbstverteidigung auf seinen Schutzengel zu verlassen. Als Truppenangehöriger der republikanischen Reichsregierung erlebte er die Revolution in Berlin, kehrte nach Westfalen zurück, um nach Abschluss seines

Assessorexamens 1920 eine Stelle in Oberschlesien anzu-
treten. Die zwischen Polen und dem Deutschen Reich
umstrittene und ab 1922 geteilte Region wurde sein neues
Wirkungsfeld.

### Wo fängt die Feigheit an?

Als Mitglied einer unter Hoheit des Völkerbunds stehenden Gemischten Kommission für Oberschlesien gehörte
es zu seinen Aufgaben, Streitfälle zwischen den verschiedenen ethnischen und konfessionellen Gruppen in der
Bevölkerung zu schlichten. Den Nationalsozialisten galt
der gesetzes- und völkerrechtskonform agierende Jurist
als „romhörig" und „Judenknecht". Anfang 1934 erhielt
er mit einem höflichen Dankschreiben des Außenminis-
ters seine Abberufung. Zu seinem eigenen Glück konnte
er aber noch beamtenrechtliche Ansprüche geltend machen und wurde so Richter am preußischen Oberverwal-
tungsgericht in Berlin. Wasser- und Steuerrecht sind na-
turgemäß eine eher unpolitische Materie, was ihm, der einen Eintritt in die NSDAP konsequent ablehnte, entge-
genkam. Gleichwohl herrschte auch hier der Druck der
Konformität. „Ich weiß nicht, ob ich bei eindeutig verbrecherischen Urteilen den Märtyrermut aufgebracht
hätte, die Unterschrift oder gar jede Mitwirkung zu ver-
weigern", gestand er später.

Seinen Wohnsitz nahm er, der Zeit seines Lebens Jung-
geselle blieb, in einer Villa in Berlin-Grunewald. Diese
teilte er mit seinen beiden Schwestern, die eine unverhei-
ratet, die andere jung verwitwet mit ihren sechs Kindern.
Das innerfamiliäre Zusammenleben dürfte nicht besonders entspannt gewesen sein; mit Kindern konnte „Onkel
Paul" wenig anfangen. In der Nachbarschaft wie andernorts in Berlin lebten auch Juden, zu denen man Kontakt
pflegte und die man mit Nahrungsmitteln versorgte. Als
eine ihm bekannte jüdische Familie in ein von der

Gestapo kontrolliertes „Judenhaus" abtransportiert worden war, unternahm van Husen nichts mehr für sie. Im Nachhinein machte er sich darüber Vorwürfe: „Ich glaubte", schreibt er in seinen Erinnerungen, „den Interessen der eigenen Familie den Vorrang geben zu müssen und diese nicht ins Elend stürzen zu dürfen. Unter einer Schreckensherrschaft lässt es sich schwer bestimmen, wo die Tugend des Maßhaltens aufhört und die Feigheit anfängt."

Im Frühjahr 1940 ließ sich van Husen zum Oberkommando der Wehrmacht (OKW) versetzen. Er war an Gesetzentwürfen beteiligt und hielt dies für eine gute Möglichkeit, „dem Löwen fühlbar auf den Schwanz [zu] treten, ohne dass das Raubtier leicht merken konnte, wer getreten hatte." Im inneren Konkurrenzkampf des Regimes suchte er durch selbstbewusstes Auftreten Eindruck zu schinden. So ignorierte er bewusst anlässlich einer heiklen Besprechung in der Parteizentrale der NSDAP das dortige Rauchverbot und erwirkte die Herausgabe von Waffen aus Parteibesitz an die Wehrmacht. Es gelang ihm sogar einen Gesetzentwurf zu verhindern, nach dem die Polizei Personen nach eigenem Ermessen als „asozial" hätte einstufen und inhaftieren können.

*Mitwissen am Hochverrat*

Im OKW kam er in näheren Kontakt zu seinem juristischen Fachkollegen Helmuth James von Moltke und damit in den Widerstand des Kreisauer Kreises. In einem Entwurf zur Bestrafung der Rechtsschänder forderte er eine internationale Verfolgung der NS-Verbrecher unter Beteiligung einer demokratischen deutschen Regierung. Nach den Verschwörungsplänen hätte van Husen dort den Posten eines Staatssekretärs im Innenministerium eingenommen.

Als die Pläne zum Umsturz im Sommer 1944 konkret wurden, trafen sich Claus Graf von Stauffenberg und andere mehrfach bei van Husen zu Hause. Das Ganze verlief höchst konspirativ; die Familie bekam nichts davon mit. Paulus van Husen sollte nach erfolgreichem Putsch mit dem Auto abgeholt werden. Doch der Wagen kam nicht. Geplagt von Schmerzen suchte er am Nachmittag des 20. Juli seinen Zahnarzt auf, wo er auf dem Behandlungsstuhl von der aufgebrachten Sprechstundenhilfe erfuhr, dass laut Radiomeldung ein Anschlag auf Hitler verübt worden war. Für van Husen war die folgende Zeit schwer erträglich, doch er behielt seine Nerven. Er beichtete bei einem Kaplan in Potsdam seine Mitwisserschaft am geplanten Tyrannenmord. Der ließ ihn seelisch beruhigt nach Hause gehen. Doch er wusste nicht, was die Gestapo über ihn wusste. Im Oktober wurde er als letzter der Verdächtigten festgenommen. Es folgten Gefängnis- und KZ-Haft, Verhöre und Misshandlungen. Er gab dabei nur Informationen preis, die bereits tote Mitverschwörer hätten belasten können. Geistlicher Beistand war in der Haft unterbunden. Doch van Husen hatte seine Kontakte. Ein ebenfalls inhaftierter Jesuitenpater hatte sich Hostien einschmuggeln lassen und las täglich in seiner Zelle die Heilige Messe. Als „Kommunionhelfer" fungierte ein als Kalfaktor eingesetzter Kommunist, der den Leib Christi diskret in einem Briefumschlag von der Zelle des Paters zu der van Husens weiterreichte. Am 19. April 1945 kam es noch zum Prozess am Volksgerichtshof. Dass er dem Kreisauer Kreis angehört hatte, ließ sich nicht verleugnen. Doch eine direkte Beteiligung am Attentat konnte ihm niemand nachweisen. Wegen „Mitwissens am Hochverrat" erhielt er drei Jahre Zuchthaus. Ein schriftliches Urteil hat er nicht mehr gesehen. Es sollte die letzte Verhandlung des Gerichts sein – die Rote Armee stand vor Berlin. Wenige Tage später wurde van Husen im Verhör von einem sowjetischen Offizier der Arm gebrochen, der ihn für einen geflüchteten Wehrmachtgeneral hielt. Am 1. Mai war er frei.

Nach 1945 nahm Paulus van Husen seine berufliche Tätigkeit wieder auf. Er kehrte in heimatliche Gefilde zurück und wurde Präsident des Verwaltungsgerichts und des Verfassungsgerichtshofs von Nordrhein-Westfalen. Zuvor war er noch an der Gründung der CDU in Berlin beteiligt. Die Ideen des Kreisauer Kreises fand er hier verwirklicht. Um ein Haar wäre er doch noch Staatssekretär, und zwar in der ersten Bundesregierung anstelle Walter Hallsteins, geworden. Im Nachhinein meinte er, dass er weder Adenauers „zu folgsame Politik gegenüber de Gaulle" noch „den personellen Aufbau des Auswärtigen Amts mit seiner weitgehenden Durchbräunung" hätte mittragen können. Und so sah er es letztlich als seine Hauptaufgabe an, seiner Schwester einen gesicherten Lebensabend zu verschaffen. „Gott bestimmt den Lebensweg, und er steckt ihn richtig ab", lautete sein Credo.

*Der Text stützt sich vor allem auf: Manfred Lütz / Paulus van Husen, Als der Wagen nicht kam. Eine wahre Geschichte aus dem Widerstand, Freiburg i. Br. 2019.*

# „Besser die Hände als der Wille gefesselt"
## Franz Jägerstätter (1907–1943)

Der uneheliche Sohn einer Dienstmagd aus St. Radegund im Innviertel (Oberösterreich) hatte ein recht ungestümes Naturell. Raufereien mit den Burschen aus dem Nachbardorf waren nicht selten, einmal brachte ihm das eine dreitägige Arreststrafe ein. Zwischenzeitlich verdingte sich der junge Mann im steirischen Bergbau; von seinem Verdienst leistete er sich ein neues Motorrad. Nach Hause zurückgekehrt, wurde er mit 26 Jahren Vater einer Tochter. Ihre Mutter heiratete er nicht, immerhin kam er für das Kind auf. Dass Franz Jägerstätter heute als Seliger gilt, liegt daran, dass er in seiner Ablehnung gegenüber dem Nationalsozialismus konsequent blieb. Er vertiefte sich in das Studium der Bibel und kam zu dem Schluss, dass er es mit seinem Gewissen nicht vereinbaren konnte, für Hitler in den Krieg zu ziehen. Ohne lebensmüde zu sein, nahm er den Tod in Kauf.

*„Ich hab' es dem Franzl nicht ausreden können. "*
Franz Jägerstätter wäre wohl nicht zum Glaubenszeugen geworden ohne seine Frau Franziska (1913–2013), die er 1936 heiratete. In der Ehe, aus der drei weitere Töchter hervorgingen, intensivierte sich die Religiosität. Das Paar bewirtschaftete einen Bauernhof; Franz übernahm später noch den Mesnerdienst in der Pfarrkirche.

Als 1938 Österreich an das „Großdeutsche Reich" angeschlossen wurde, war in dieser Familie klar, dass man nur mit „Nein" stimmen könne, dass Christentum und NS-Ideologie nicht miteinander vereinbar waren. Franz hatte nur sieben Jahre Schulbildung genossen, aber seine Notizen, die er als Gedankenstütze für Gespräche und später im Gefängnis verfasste, zeugen von Lebensklugheit und Weitsicht, wie sie weit gebildetere Zeitgenossen nicht besaßen. Seine Fragen stellen den blinden Gehorsam, den der Staat mit kirchlicher Unterstützung dem einzelnen abverlangte, in Frage.

„Scheint es nicht etwas lächerlich, wenn man sagt, es kann noch nicht recht entschieden werden, ob dieser Krieg, den Deutschland schon mit so vielen Ländern führt, gerecht oder ungerecht ist?" schrieb er 1942. Die Weisung, den Militärdienst als Dienst zur Verteidigung des Vaterlands oder als Kampf gegen den Bolschewismus mitzutragen, erschien ihm geradezu absurd: „Haben wir überhaupt auf dieser Welt noch ein Vaterland? Denn wenn ein Land mein Vaterland sein soll, so darf es für mich nicht bloß Pflichten geben, sondern man muss auch Rechte besitzen, hat man das aber heute bei uns noch? Wird einer ausbildungsunfähig und würde vielleicht gar dem Staate zur Last fallen, was macht man denn mit solchen? Wäre *so* ein Vaterland überhaupt noch eine Verteidigung wert, von der ja ohnedies nicht die Rede sein kann, denn Deutschland wurde ja von niemand überfallen."

Dass grundsätzlich Gehorsam geboten sei, erkannte er an, aber im Konfliktfall müsse man Gott mehr als den Menschen gehorchen. Jägerstätter stellte dabei den Dienst an der Waffe im Rahmen der Selbstverteidigung nicht prinzipiell in Frage und verurteilte niemanden, der sich anders als er entschied. Der Gedanke der Verweigerung kam auch nicht aus heiterem Himmel, sondern ist das Ergebnis eines längeren Denkprozesses. Noch 1940 hatte er seinen Wehrdienst in einer Kraftfahrereinheit angetreten, Grund- und Kraftfahrerausbildung absolviert und den Fahneneid geleistet, war dann aber nach wenigen Monaten unabkömmlich gestellt worden. In dieser Zeit waren ihm in einer leer geräumten Behindertenanstalt die Euthanasie-Verbrechen des Regimes bewusst geworden. Dies trug mit bei zu seinem Entschluss, einer abermaligen Einberufung keine Folge zu leisten. Er sprach darüber mit seiner Frau, mit seinem Pfarrer, sogar mit seinem Bischof. Auch wenn viele versuchten, ihn umzustimmen, blieb er dabei. „Ich hab' es dem Franzl nicht ausreden können", bekannte Franziska Jahrzehnte später. Eine Beteiligung an den „Raubzügen" und dem „grauenhaften Menschenmorden", wie er es nannte, konnte er nicht verantworten. Und er sah diese Verantwortung, die sonst gern auf die politische oder militärische Führung abgewälzt wurde, bei sich persönlich als von Gott mit Verstand ausgestattetem Individuum.

Die Reaktion der Militärjustiz war zu erwarten. Im Februar 1943 erfolgt seine abermalige Einberufung, nach seiner Verweigerungserklärung im März die Überstellung ins Wehrmachtuntersuchungsgefängnis nach Linz und im Mai die Verlegung nach Berlin-Tegel. Am 6. Juli 1943 verurteilt ihn das Reichskriegsgericht wegen Wehrkraftzersetzung zum Tode. Mildernde Umstände gibt es nicht, der Angeklagte ist voll zurechnungsfähig. Zum letzten Mal darf ihn Franziska besuchen. Am 9. August wird er im Zuchthaus Brandenburg-Görden durch das Fallbeil enthauptet. Wenige Tage vor der Hinrichtung schreibt er noch: „Nicht Kerker, nicht Fesseln, auch nicht der Tod sind es imstande, einen von der Liebe Gottes zu trennen, ihm seinen Glauben und den freien Willen zu rauben."

Nach der Verurteilung durfte er nur noch selten Briefe schreiben. Doch alle deuten darauf hin, dass Franz gefasst und mit einer nahezu kindlich anmutenden Vorfreude auf die himmlische Glückseligkeit dem Tod entgegensah. Im Gefängnis in Tegel suchte ihn Wehrkreispfarrer Heinrich Kreutzberg auf und spendete ihm die Sakramente. Sie unterhielten sich ausführlich. Kreutzberg berichtete von Pater Franz Reinisch, der ebenfalls den Kriegsdienst verweigert hatte. Jägerstätter sah sich dadurch innerlich bestärkt. „Ich muss gestehen, dass ich kaum einen glücklicheren Menschen im Gefängnis gesehen habe als Jägerstätter nach dieser kurzen Aussprache", bekannte Kreutzberg. 1948 veröffentlichte er erstmals einen Beitrag über Jägerstätter in der Zeitschrift „Mann in der Zeit". Doch für eine ausführliche biographische Würdigung war die Zeit noch nicht reif. Sie blieb dem US-amerikanischen Soziologen und Pax Christi-Mitbegründer Gordon C. Zahn vorbehalten. Auf Vermittlung zweier ehemaliger Wehrmachtseelsorger, nämlich Kreutzberg und Militärgeneralvikar a. D. Georg

Werthmann, wurde Zahn auf die Geschichte Franz Jäger-stätters aufmerksam. Durch Zahns Biographie von 1964 wurde der „tapfere und schlichte Bauer von St. Rade-gund" (so Kreutzberg) vor allem in pazifistischen Krei-sen in den USA und weltweit bekannt.

*Eine Haltung, die provoziert*

Eine seiner Töchter erinnert sich bis heute, dass sie in ihrer Schulzeit ihren Familiennamen am liebsten ver-schwiegen hätten. Kirchliche Autoritäten, wie der Linzer Bischof Fließer, hielten es seinerzeit für anmaßend, dass ein theologisch ungebildeter Laie entscheiden wollte, was für ihn moralisch falsch oder richtig sei. Bis zur Anerken-nung der Tatsache, dass er nicht einem „irrenden Gewis-sen" gefolgt war, war es ein weiter Weg. 2007 wurde Franz Jägerstätter von Papst Benedikt XVI. seliggespro-chen. In der Begründung heißt es: „Er hat sein Leben hingegeben in hochherziger Selbstverleugnung, mit auf-richtigem Gewissen in Treue zum Evangelium und für die Würde der menschlichen Person." Die Militärseel-sorge in Österreich hält heute das Andenken an Franz Jä-gerstätter aufrecht. 2013 wurde in der Kaserne in Enns, wo er seine Verweigerung erklärt hatte, ein Gedenkstein als gemeinsames Projekt von Diözese, Militärseelsorge und Pax Christi aufgestellt. Die Ansicht, er sei ein Verrä-ter gewesen, ist zur Mindermeinung geworden. Aber sein Schicksal regt immer noch zum Nachdenken an. Die Frage bleibt offen, ob die Millionen, die nicht verweigert und keinen Widerstand geleistet haben (und in dieser Haltung von der Kirche unterstützt wurden) durch ihr Mitwirken an einem Vernichtungskrieg moralisch falsch gehandelt haben. Hatten sie ihr Gewissen nicht befragt? Oder irrte ihr Gewissen? Und was bedeutet dies für Sol-datinnen und Soldaten heute?

In der Nachkriegsgesellschaft, in der viele versuchten, ihr Verhalten in der NS-Zeit zu rechtfertigen oder positiv umzudeuten, konnten die meisten Zeitgenossen seine Entscheidung nicht nachvollziehen. Er habe eigenmächtig und dumm gehandelt, Frau und Kinder im Stich gelassen, quasi Selbstmord begangen, war bei Fernsehinterviews im Dorfwirtshaus 1967 zu hören. Nur einer in der Runde der Innviertler Bauern meinte damals, man könne stolz auf Jägerstätter sein, denn „wenn Tausende und Millionen so denken würden, dann würde es in Zukunft keine Kriege mehr geben."

*Der Text stützt sich vor allem auf die Jägerstätter-Biographien von Gordon C. Zahn (1967), Georg Bergmann (1980) und Erna Putz (1997 und 2007); sowie auf die Edition von Erna Putz (Hrsg.), Franz Jägerstätter. Der gesamte Briefwechsel mit Franziska. Aufzeichnungen 1941–1943, Wien u. a. 2007.*
*Die Briefe bildeten die Grundlage für den Spielfilm „A Hidden Life / Ein verborgenes Leben" (D/USA 2019).*

# „Wenn ich nicht den Glauben hätte an Jesus Christus, hätte ich verzweifeln müssen."

Leutnant Matthias Kaiser (1921–1944)

Die Szenerie im Graudenzer Gefängnis am 5. Oktober 1944 muss auf den einbestellten Wehrmachtseelsorger überraschend gewirkt haben. Er traf dort drei junge Männer an, die auf den Tag der Vollstreckung ihres Todesurteils warteten. Doch anstatt gebrochener Persönlichkeiten begegneten ihm in der Zelle bestens gelaunte Skatspieler. So schildert es einer der Todeskandidaten, der 23-jährige Leutnant Matthias Kaiser in einem Brief. Er hatte den Seelsorger schriftlich um einen Besuch gebeten, um bei ihm beichten und kommunizieren zu können. „Ihr braucht keine Angst haben! Wir werden uns wiedersehen", ermutigte er seine Angehörigen. „Wenn ich nicht den Glauben hätte an Jesus Christus, Seine Auferstehung, Seine Wiederkunft und damit an die Klar- und Wiederherstellung all des schreienden Unrechts, das über unsere liebe Erde hinwegbraust, hätte ich schon längst verzweifeln müssen." Matthias Kaiser verzweifelte nicht, bis zu seiner Erschießung am 29. November 1944 im Wehrmachtgefängnis Anklam.

*Feigheit vor dem Feind?*

Das Verhängnis, das zur Todesstrafe führte, begann mit dem Rückzug der Wehrmacht vor der Roten Armee. Kaiser, erst wenige Monate zuvor zum Leutnant befördert, musste im Juli 1944 mitten im Gefecht eine ihm unbekannte Kompanie übernehmen. Er entschloss sich, sinnloses Blutvergießen zu vermeiden und befahl den Rückzug vor den sowjetischen Truppen. Kurz darauf verlor er den Anschluss an seine Einheit. Im September wurde er vor das Feldgericht gestellt. Die Anklage forderte fünf Jahre Zuchthaus wegen „Feigheit vor dem Feind". Doch das Gericht entschied noch härter und verurteilte Kaiser nach nur zehnminütiger Beratung zum Tode. Da die Prozessakten verlorengegangen sind, lässt sich darüber spekulieren, was konkret zu diesem auch für die damaligen Verhältnisse harten, obgleich formal korrekten Urteil führte. Drei Aspekte dürften Einfluss genommen haben: Angesichts der drohenden Niederlage sollten alle Handlungen unterbunden werden, die den Anschein hatten, dem Willen zum Kampf und zum „Endsieg" entgegenzulaufen. Infolge des Attentats vom 20. Juli setzte das Regime zudem alles daran, mit Offizieren, deren Loyalität im Zweifel stand, kurzen Prozess zu machen. Zuletzt war Kaiser ein ausgeprägt religiöser Offizier, der aus seiner

Haltung keinen Hehl machte und offen dazu stand, dass er katholischer Priester werden wollte. Ein Zeitgenosse meinte, im Ersten Weltkrieg hätte Kaiser für sein Handeln noch einen Orden erhalten.

*Ein Christentum, das froh und glücklich macht*
Die Eltern betrieben im oberfränkischen Kronach einen Brauereigasthof mit Landwirtschaft. Ihren einzigen Sohn hatten sie aufs Gymnasium der Benediktiner ins niederbayerische Metten geschickt, danach ins näher gelegene Bamberg. Sport, Theaterspielen und Musizieren lagen dem Mathes oder Matzla, wie er genannt wurde, mehr als Lateinvokabeln. Prägend wurde für ihn der Kontakt zum Bamberger Diözesanjugendseelsorger Jupp Schneider. Er hatte den Geist der katholischen Jugendbewegung des Quickborn mitgebracht und war ein Priester, den die Jugendlichen nicht mit „Hochwürden" ansprechen mussten, sondern duzten. Lore Kaiser, seine 2014 verstorbene Schwester, erinnerte sich: „Obwohl aus einem stockkatholischen Haus stammend, haben wir erst durch Jupp ein Christsein oder Christentum erfahren, das uns froh, frei, stolz und glücklich gemacht hat." Es dürfte diese besondere Art der Freude und Zuversicht sein, die Matthias hier erfahren hat und die ihm auch in den schwersten Stunden seines kurzen Lebens Kraft gab.
1941 erfolgte Kaisers Einberufung zur Wehrmacht. Der katholischen Jugendbewegung blieb er treu und organisierte noch als Soldat Jugendtreffen auf dem elterlichen Hof. Der „Kaiserhof" galt als „schwarz" und wurde von der örtlichen Kreisleitung misstrauisch beäugt. Gleichwohl bemühte man im Kreis um Jupp Schneider in Diskussionsrunden sich auf religiöse Themen zu beschränken. Ablehnung gegenüber dem Hitler-Regime wurde höchstens im vertrauten Rahmen zum Ausdruck gebracht.

*„Kannst Du so viel Liebe aufbringen und auf mich verzichten?"*

Seinen Dienst in der Wehrmacht hat Matthias Kaiser laut dem Zeugnis seiner Schwester aus Pflichtbewusstsein und Verantwortungsgefühl ausgeführt, ohne dass er große Begeisterung für Soldatentum und Krieg an den Tag legte. Nach der Grundausbildung wurde er an die Ostfront verlegt, wo er sich Erfrierungen und eine schwere Schussverletzung im Kieferbereich zuzog. In Russland verfasste er bereits sein „letztes Vermächtnis" für den Fall, dass ihn eine tödliche Kugel treffen würde. Seine Eltern sollten sich keine Sorgen um ihn machen. „In kurzer Zeit sehen wir uns wieder auf einer besseren, schöneren und heiligen Erde." Positiv schilderte er in einem anderen Brief seinen Kontakt mit der Militärseelsorge. Unter den Soldaten in Russland entwickle sich „eine Gemeinschaft junger Christen [...], die auf Gedeih und Verderb dem Herrn verfallen ist und die einmal wieder in Deutschland neues flammendes Leben wecken wird." Von Führer, Volk und Vaterland ist dabei nicht die Rede. Schritt für Schritt reifte in ihm stattdessen der Entschluss, Priester zu werden, den er auch seiner Freundin Gertrud mitteilte. „Kannst Du, liebe Trudl, dann soviel Liebe um meinet- und des Höheren willen aufbringen und auf mich verzichten?", schrieb er ihr im Januar 1943 aus dem Lazarett. Um unmissverständlich hinzuzufügen: „Ich erwarte das von Dir!"

Das Todesurteil traf den lebensfrohen jungen Menschen hart. Er durchlebte das Gefühl bitterster Einsamkeit und Verlassenheit. Natürlich versuchte er auf verschiedenen Wegen eine Begnadigung zu erwirken, etwa durch eine Intervention beim Katholischen Feldbischof. Antwort bekam er keine. Letztlich fügte er sich seinem Schicksal und bekräftigte umso eifriger seinen christlichen Glauben.

*Licht und Leben*

Am 29. November 1944 verkündete der Feldrichter um 8 Uhr morgens, dass das Todesurteil in drei Stunden vollstreckt würde. Matthias Kaiser verbrachte diese Zeit in Begleitung des Anklamer Pfarrers und Standortpfarrers im Nebenamt Karl Biela. In der Zelle ministrierte er bei der Heiligen Messe, die Biela zelebrierte. Dabei fühlte er sich an die Situation der ersten Christen in den römischen Katakomben erinnert. Dem Pfarrer gab er auf den Weg: „Sagen Sie meinen Eltern, sie möchten den Schmerz so tapfer ertragen, wie ich mein Leben hingebe."

Bis zu seinem Tod trug Matthias Kaiser ein Kreuz, das mit den griechischen Worten ΦΩΣ (phos – Licht) und ΖΩΗ (zoë – Leben) beschriftet war. Dieses Zeichen findet sich auf seinem Grab in Anklam, ebenso in der Kapelle der Jugendburg Feuerstein wieder, die Jupp Schneider nach dem Krieg als Jugendtreffpunkt einrichtete. Die katholische Jugendbewegung KIM (Kreis junger Missionare) machte das Kreuz zu ihrem Symbol und hielt das Andenken an Kaiser in Ehren. Auch Gertrud verlor ihren früheren Freund nicht aus dem Gedächtnis. Ihren 1958 geborenen Sohn ließ sie bewusst auf den Namen Matthias taufen.

*Der Text stützt sich vor allem auf: „Licht und Leben". Matthias Kaiser (1921–1944), hrsg. von Johannes Haas und Heinz-Josef Löckmann (KIM-Profile 1), Ingolstadt 1990; sowie auf den Beitrag „Matthias Kaiser" von Alwin Reindl in: Zeugen für Christus, hrsg. von Helmut Moll (3. Aufl.), Bd. I, Paderborn u. a. 2001, S. 79–82.*

# „Wenn diese Lumpen siegen, dann kann und will ich nicht mehr leben."

Leutnant Michael Kitzelmann (1916–1942)

Michael Kitzelmann war 24-jährig zum Leutnant befördert worden. Er befehligte eine Kompanie, er trug das Eiserne Kreuz. Nach dem Sieg über Frankreich 1940 teilte er seinem Vater begeistert mit: „Es freut einen Soldaten doch, wenn es vorwärts geht und seine Waffen Erfolg haben. Die Schärfe unseres Schwertes wird allen hinreichend bekannt sein." Und doch zweifelte der Allgäuer Bauernsohn, ob das, was er tat, moralisch richtig war. Dass er im Gegensatz zu anderen diese Zweifel offen zum Ausdruck brachte, kostete ihm das Leben. Ein Kamerad denunzierte ihn, er wurde wegen Wehrkraftzersetzung zum Tode verurteilt und im Alter von 26 Jahren hingerichtet.

## *Selbstzweifel und Gottvertrauen*

Selbstzweifel und Gottvertrauen prägten Michael Kitzelmanns kurzes Leben gleichermaßen. Als 12-Jähriger verließ er den heimatlichen Weiler Horben im Westallgäu, um in Dillingen an der Donau das Gymnasium mit Knabenseminar zu besuchen. Nach dem Abitur 1936 leistete er den Reichsarbeitsdienst und begann ein philosophisches Studium in Augsburg mit dem Ziel Priester zu werden. Doch schon wenige Monate später bewarb er sich für eine Lehrerbildungsanstalt, die ihn allerdings nicht aufnahm, da er sich weigerte, einer NS-Organisation beizutreten. In erster Linie dürfte ihn die Kirchenfeindlichkeit der Nationalsozialisten abgeschreckt haben. Auf Anraten seines Heimatpfarrers meldete er sich im Sommer 1937 freiwillig zur Wehrmacht. Der Priesterberuf erschien dem tiefreligiösen Michael, wie er seinen Eltern schrieb, als „der höchste und idealste", aber er war sich nicht sicher, ob er imstande war, diesem Ideal nachzukommen. Als Soldat verlobte er sich mit einer jungen Frau namens Maria und hoffte darauf, mit ihr eine christliche Ehe eingehen zu können.

Dazu sollte es nicht kommen. Immer wieder verschaffte er seinem Unmut gegenüber Militär und Regierung Luft. So schrieb er bereits 1938 einem Freund: „Also für zwei Jahre muss ich dieses schreckliche Joch lächerlichen und öden militärischen Drills ertragen. Ich finde das schon nach wenigen Wochen ziemlich geisttötend." Auf dem Polenfeldzug gestand er seinen Eltern: „Die Schreckensbilder, welche ich auf dem Leichenfeld mit ansehen musste, haben sich so tief in meine Seele eingegraben, dass ich sie nimmer vergessen werde." Gleichwohl meinte er an anderer Stelle, man müsse „ohne voreingenommen zu sein, Adolf Hitler bewundern, wie er in so kurzer Zeit ein solches Heer aufgestellt und alles so fein ausgeklügelt hat."

*Gegen den bolschewistischen Antichrist*

Seine Bewunderung für die militärischen Erfolge, welche den jungen Offizier immer wieder überkam, schwand im Laufe des Kriegs gegen die Sowjetunion, nicht zuletzt angesichts der von den eigenen Kameraden verübten Gräuel, deren Zeuge Kitzelmann wurde. Ende Juni 1941 schrieb er: „Ich habe absolut nicht mehr den Willen, für dieses Reich auch nur einen weiteren Schweißtropfen zu vergießen – komme, was kommen mag." Doch nur wenige Wochen später schrieb er einer Lehrerin, dass er sich bei allen Zweifeln ermuntere durch den Gedanken, „dass wir ausgezogen sind in einem weltbewegenden Kampf gegen den bolschewistischen Antichrist", ein Kampf, für den „kein Opfer zu groß" sein könne. Solche Gedankengänge waren im katholischen Milieu bis hinein in die Wehrmachtseelsorge weit verbreitet. Vor 1933 hatte man noch Hakenkreuz und Sowjetstern gleichermaßen als Feinde des Kreuzes Christi angesehen – so auch eine Aussage des Bamberger Jugendseelsorgers und späteren Feldgeneralvikars Georg Werthmann. Doch gelangte die Mehrheit der Katholiken zu der Überzeugung, dass die nationalsozialistische Regierung das kleinere Übel sei, mit dessen Hilfe das größere, die drohende Weltherrschaft des Kommunismus, besiegt werden müsse. Auch Michael Kitzelmann blieb die Widersprüchlichkeit dieses Denkmusters letztlich nicht verborgen. „Daheim reißen sie die Kreuze aus den Schulen, und hier macht man uns vor, gegen den gottlosen Bolschewismus zu kämpfen!" erregte er sich vor Kameraden und meinte: „Wenn diese

Lumpen siegen, dann kann und will ich nicht mehr leben." Solche Äußerungen waren es, die Kitzelmann zum Verhängnis wurden. Die Akten des Gerichtsprozesses sind im Laufe des Krieges verloren gegangen. Fakt ist, dass das Feldgericht der 262. Infanterie-Division am Karfreitag, den 3. April 1942 zu dem Schluss kam, dass Kitzelmann sich der Wehrkraftzersetzung schuldig gemacht habe und dass dieses Verbrechen mit der Todesstrafe zu ahnden sei.

## Kriegspfarrer als Engel Gottes

Es folgten für Michael Kitzelmann nervenaufzehrende Wochen in der Todeszelle des Wehrmachtgefängnisses Orel. In dieser Zeit verfasste er ein Tagebuch und Briefe an seine Angehörigen. Seelischen Beistand erhielt er insbesondere durch Kriegspfarrer Heinrich Schmitter, der ihm „wie ein helfender tröstender Engel Gottes" erschien. Kitzelmanns Aufzeichnungen wurden bereits 1947 unter dem Titel „Die Botschaft aus der Festung Orel" publiziert. Passagen daraus bringen seine Verzweiflung wie auch seine Schicksalsergebenheit zum Ausdruck. „Und ich schreie empor zum Himmel, zu Gott um Hilfe in meiner gewaltigen Seelennot." steht in seinem Tagebuch.

Seiner Verlobten teilte er am 5. April mit: „Liebe, teure Maria! Ich muss Dir heute eine unsagbar schmachvolle, schreckliche Eröffnung machen. Wir beide werden uns in diesem Leben, nie, nie, wiedersehen können." Am 16. Mai schrieb er an Vater und Bruder: „Heute nachmittag wird der Kriegspfarrer wieder kommen, um mir das heilige Altarssakrament zu spenden. Mit dessen Hilfe werde ich es schon schaffen bis zum Ende!" Sein Eintrag am Tag vor der Hinrichtung steht unter dem Leitgedanken „Herr Dein Wille geschehe!"

Die Angehörigen erhielten am Tag der Hinrichtung (12. Juni 1942) per Einschreiben mitgeteilt: „Ihr Sohn [...] lähmte in der Zeit vom Januar bis Februar 1942 durch wehrmacht- und staatsfeindliche Äußerungen den Widerstandswillen der ihm anvertrauten Kompanie bzw. seines Zuges. [...] Ein Gnadengesuch wurde abgelehnt. Das Urteil wurde heute vollstreckt."

Am 26. August 2009 beschloss der Deutsche Bundestag die Rehabilitation von wegen Kriegsverrats Verurteilten. Damit wurde auch das Feldgerichtsurteil gegen Kitzelmann formal aufgehoben. Er wird heute zu den Märtyrern des 20. Jahrhundert gezählt.

*Der Text stützt sich unter anderem auf: Hans Hümmeler, Michael Kitzelmann. Mensch – Soldat – Christ, Lederdorn o. J.; sowie auf: Jakob Knab, Empörung über den weltanschaulichen Vernichtungskrieg im Osten. Der katholische Leutnant Michael Kitzelmann, in: Wolfram Wette (Hrsg.), Zivilcourage. Empörte, Helfer und Retter aus Wehrmacht, Polizei und SS, Frankfurt a. M. 2003, S. 35–49.*

# „Ja wofür kämpfen wir eigentlich im Osten?"

Kriegspfarrer Theodor Kniebeler (1909–1944)

„Ich habe eine derartig wüste Hetzpredigt noch nicht gehört!", entrüstete sich ein NSDAP-Parteigenosse gegenüber der Gestapo. Ein großer Teil der Kirchenbesucher äußerte hingegen Zustimmung: „Der Kaplan hat wieder gut gepredigt und hat es denen mal ordentlich gesagt", berichtet das Protokoll.

Was der 32-jährige Priester Theodor Kniebeler, der als Kriegspfarrer gerade auf Heimaturlaub war, am 19. April 1942 in der Pfarrkirche von Vorst bei Krefeld gepredigt hat und höchst unterschiedliche Reaktionen hervorrief, ist nicht im Wortlaut, sondern nur durch Ohrenzeugen überliefert, deren Aussagen in einem Polizeibericht zusammengefasst wurden. Demnach schilderte der Seelsorger zunächst seine Erlebnisse als Wehrmachtsoldat an der Ostfront im „Kampf gegen den Bolschewismus". Dabei bediente er sich durchaus der seitens der NS-Regierung propagierten und auch von der Kirche mitgetragenen Feindbilder. Zum Kampf gegen den Bolschewismus sei jeder verpflichtet, denn „wenn der Bolschewismus die Überhand bekommen würde, erlebten wir nur alle Schrecken." Doch dann schwenkte Kniebeler in seiner Predigt um: „Wenn man aber hört, was hier in der Heimat vor sich geht, kommen einem doch ernste Bedenken, warum wir eigentlich kämpfen und alle Opfer auf uns nehmen. Der letzte Hirtenbrief vom vergangenen Sonntag [zur religiösen Lage in Deutschland] hat mich zu ernsten Gedanken geführt. Ich weiß nunmehr, warum man uns nicht in Urlaub schickt. Die Front soll nicht erfahren, was in der Heimat passiert. Ja wofür kämpfen wir eigentlich im Osten? Kämpfen wir etwa deshalb, dass man ungestört Kirchen und Klöster rauben kann? Es gehört wirklich kein großer Mut dazu, wenn die SS hingeht und die Klosterinsassen mit Bajonetten aus den Klöstern vertreibt. […] Kämpfen wir etwa dafür, dass man in der Heimat die Kirche ungestört verfolgen kann und die Religion bekämpft? Aus Gründen der Papiereinsparnis hat man unsere Kirchenzeitungen verboten, andererseits werden aber Millionen von Hetzexemplaren gegen die Kirche gedruckt und verteilt."

*Wehrkraftzersetzung und Kanzelmissbrauch*

Gegen Kniebeler wurde aufgrund dieser Äußerungen ein Verfahren wegen Wehrkraftzersetzung eröffnet. Er hatte die Todesstrafe zu befürchten. Das Oberkommando des Heeres widerrief seine Berufung als Kriegspfarrer;

Feldbischof und Feldgeneralvikar trugen das Verfahren mit. Damit war er als Militärseelsorger entlassen und wieder einfacher Sanitätsgefreiter. Am 20. Januar 1943 fand der Prozess am Reichskriegsgericht in Berlin statt. Kniebeler wurde wegen Zersetzung der Wehrkraft und Kanzelmissbrauch verurteilt. Er habe „öffentlich den Willen des deutschen Volkes zur wehrhaften Selbstbehauptung zu lähmen und zu zersetzen gesucht." Mit der Erwähnung von Klosterräumungen und Verboten religiöser Schriften in seinen Predigten habe er, so die zynisch anmutende Begründung, „den öffentlichen Frieden gefährdet, da […] eine Erregung unter den Zuhörern über diese Maßnahmen hervorgerufen und verstärkt wurde." Kniebeler hatte vergleichsweise Glück. Letztlich wurde er nur zu neun Monaten Gefängnis verurteilt. Ihm mag zugutegekommen sein, dass er alle Vorwürfe eingestand und Zeugen zu seinen Gunsten aussagten. Er machte nicht den Eindruck eines „Scharfmachers"; zudem konnte er als Träger des Kriegsverdienstkreuzes II. Klasse mit Schwertern als tapferer Soldat gelten. Bei seinen Äußerungen seien ihm, so hieß es in der Urteilsbegründung, wohl lediglich „die Pferde durchgegangen".

Seine Haft wurde in drei Wochen verschärften Arrest in Berlin-Moabit umgewandelt, da er sich als Sanitätssoldat für ein Bewährungsbataillon an der Ostfront meldete. Die Chance dort den Krieg zu überleben war indes gering. In Ostpreußen wurde Theodor Kniebeler am 13. März 1944 durch einen Bauchschuss schwer verwundet. Er starb wenige Wochen später, am Palmsonntag im Kriegslazarett Sudauen (heute Suwałki / Polen) nach Empfang der Sterbesakramente durch einen Priestersoldaten, der mit ihm im Krankenzimmer lag. Eine Lazarettschwester, die ihn zuletzt pflegte, zeigte sich in einem Brief an Theodor Kniebelers Bruder tief beeindruckt von der Art und Weise, wie dieser dem Tod entgegenging:

„Ihr Bruder starb den schönsten Tod! […] Er war auf den Tod vorbereitet, er hat ihn mit klarem Blick und freudigem Herzen erwartet. Er sprach mit mir bis zum letzten Augenblick. Seine letzten Worte waren: Schwesterlein, ich werde für Sie beten. Nach den Worten hob er den Blick zum Himmel, atmete noch dreimal kurz und verschied."

*„Dem Volke ein Dorn im Fleisch"*

Noch vor seiner Einberufung zur Wehrmacht hatte Kaplan Kniebeler im vertrauten Umfeld schlimme Befürchtungen für die Zeit nach einem deutschen „Endsieg" geäußert. So schrieb er im Juni 1940 einem Freund: „Was die Zukunft uns Priestern bringt, können wir ja mehr ahnen als sagen, aber unser Ende wird bald und satanisch grausam werden. Wir sind dem Volke ein Dorn im Fleisch. Der Siegesrummel wird alles mit wegfegen." Drei Jahre später, als Soldat an der Ostfront und unter dem Eindruck der sich abzeichnenden deutschen Niederlage, empfand Kniebeler wieder Hoffnungen – weniger für seine eigene Person als langfristig für die Kirche. In seinem Brief an eine Ordensschwester vom Oktober 1943 heißt es: „Ich nehme alles so, wie es kommt, ohne dem Schicksal vorzugreifen; ich weiß nur, dass nach vielen leidvollen Jahren, die jetzt kommen, die alte herrliche Freiheit der Kirche wiederaufblühen wird. Selbst wenn wir dafür indirekt unser Leben geben müssten, wären wir dann doch das Fundament für die anderen nach uns."

*Der Text stützt sich vor allem auf die Unterlagen im Archiv des Katholischen Militärbischofs (Signatur SW 494) sowie auf den Beitrag über Kniebeler von Herbert Arens und Ludwig Kamm in: Zeugen für Christus, hrsg. von Helmut Moll (3. Aufl.), Bd. I, Paderborn u. a. 2001, S. 18–21.*

# „Sühne für meine Sünden und die Sünden der ganzen Welt"

*Kriegspfarrer Pater Friedrich Lorenz (1897–1944)*

Am Nachmittag des 13. November 1944 werden drei Priester im Hallenser Zuchthaus zum Schafott geführt. In der Begründung des Todesurteils ist von Zersetzung der Wehrkraft, Feindesbegünstigung und Rundfunkverbrechen die Rede. Sie sterben als Opfer der nationalsozialistischen Unrechtsjustiz. Einer von ihnen ist der ehemalige Wehrmachtseelsorger Pater Friedrich Lorenz.

*Frontkämpfer und Volksmissionar*

Aus den wenigen überlieferten Dokumenten über Friedrich Lorenz lässt sich das Bild eines Mannes zeichnen, dessen Handeln von Glaubenstreue und soldatischer Pflichterfüllung geprägt war. Er war eher ein Mann der kleinen Taten als der großen Worte, dabei ganz Kind seiner Zeit, Angehöriger der Frontkämpfergeneration des Ersten Weltkriegs, deutschnational gesinnt und doch aus christlicher Überzeugung heraus Gegner jeder Verabsolutierung von Volk, Rasse und Nation.

Am 10. Juni 1897 in einfachen Verhältnissen geboren, wuchs Friedrich Lorenz in Freden an der Leine und Hildesheim auf. Als Schüler und Ministrant kam er schon früh in Kontakt mit dem Orden der Oblaten der Unbefleckten Jungfrau Maria (OMI). Mit 13 Jahren trat er in das ordenseigene Auslandsstudienkolleg im niederländischen Valkenburg ein, wo er 1916 die Reifeprüfung ablegte. Noch im selben Jahr begann er das Noviziat, das schon nach wenigen Wochen durch seine Einberufung zum Militär unterbrochen wurde. Nach Ablegen der Ordensgelübde wurde er 1924 zum Priester geweiht und wirkte in den Folgejahren als Volksmissionar an verschiedenen Orten im Deutschen Reich, zuletzt in Stettin.

Der Dienst des jungen Novizen als Soldat im Ersten Weltkrieg war geprägt vom Einsatz im Stellungskrieg und in den großen Materialschlachten an der Westfront. Er wurde verwundet, mit dem Eisernen Kreuz ausgezeichnet und zum Unteroffizier befördert. Gern wäre er Offizier geworden. Dass sein Antrag abgelehnt wurde, empfand er zeitlebens als Kränkung.

Die Kriegserfahrung machte ihn später zu einem Kandidaten für den Dienst in der Militärseelsorge, zu dem er sich freiwillig meldete. 1937 erging vom Katholischen Wehrkreispfarrer in Stettin ein als „geheim" klassifiziertes Schreiben an das Ordensprovinzialat, dass Lorenz

„als Divisionsgeistlicher im Kriegsfall vorgesehen" sei. Zwei Jahre später war dieser von langer Hand geplante Fall eingetreten. Ihm oblag zunächst die Seelsorge für die 207. Infanteriedivision, die in Stettin stationiert war und von dort ins besetzte Polen vordrang. Im Laufe des Jahres 1940 wurde die Truppe in die besetzten Gebiete im Westen (Niederlande, Belgien, Frankreich) verlegt. Unvermittelt traf ihn Anfang 1941 die Entlassung als Kriegspfarrer, als der Stellvertreter des Führers die Weisung erließ, alle Ordensgeistlichen aus der Wehrmachtseelsorge zu entfernen. Die kirchenfeindlichen Kräfte in der NS-Führung wurden stärker, und offensichtlich hielt man die international gut vernetzten Orden für besonders verdächtig, den Zielen des Regimes entgegenzuwirken. Lorenz bemühte sich um eine Rückkehr als Soldat in den Dienst der Wehrmacht, was ihm jedoch kirchlicherseits verwehrt wurde.

*Sorge um die polnische Kirche*

Dass Lorenz während seiner Zeit als Kriegspfarrer über seine offiziellen Amtsgeschäfte hinaus tätig wurde, geht aus dem Brief eines Danziger Priesters hervor, der unmittelbar nach Kriegsende verfasst wurde. Demnach unterhielt Lorenz innerhalb seiner Division eine enge Verbindung zum Widerstandskämpfer Ulrich Wilhelm Graf von Schwerin von Schwanenfeld, einem der Verschwörer des 20. Juli 1944. Lorenz besuchte polnische Priester im besetzten Gebiet, die unmittelbar von Verhaftung und Ermordung bedroht waren. Er stand ihnen bei, warnte vor Gestapo und SS, und war sich dabei doch bewusst, dass es für viele keine Chance auf Rettung gab. Die Zustände im polnischen Bistum Kulm gestalteten sich infolge des deutschen Einmarsches katastrophal. Viele Stellen waren verwaist, nachdem Priester verhaftet oder ermordet worden waren. Durch seine persönlichen Eindrücke bei sonntäglichen Besuchen erschüttert, wandte sich Lorenz zunächst an Feldbischof Rarkowski mit der Bitte, er möge sich selbst ein Bild von der Lage machen, der dieser jedoch nicht nachkam. Letztlich gelang es ihm, durch Kontaktaufnahme mit dem Danziger Bischof Splett dafür zu sorgen, dass das schwer gebeutelte Bistum Kulm wieder eine Diözesanleitung bekam.

*Vom Stettiner Pfarrhaus in die Todeszelle*

Nach der Entlassung aus der Wehrmachtseelsorge kehrte Pater Lorenz nach Stettin zurück. Hier bildete sich im Sommer 1942 unter Federführung von Kaplan Helmut Simoleit und Prälat Dr. Carl Lampert ein wöchentlicher Gesprächskreis von Männern, überwiegend Wehrmachtsoldaten. In diesem „Mittwochskreis" wurde recht offen und vertrauensvoll gesprochen, neben religiösen Themen auch über militärische Erfolge und Misserfolge oder die politische Zukunft. Mitunter wurden wohl Feindsender gehört oder auch Witze und abfällige Bemerkungen über ranghohe NS-Funktionäre gemacht. Lorenz war nur gelegentlich in diesem Kreis dabei. Dennoch wurde er ebenso verhaftet, nachdem sich ein Gestapo-Ermittler mit dem Tarnnamen „Hagen" in die Gruppe eingeschlichen und ihre Mitglieder denunziert hatte. Es folgte ein längerer Prozess vor dem Reichskriegsgericht, der noch an Länge gewann, nachdem der vorsitzende Richter aus nie völlig geklärten Umständen Selbstmord begangen hatte. Trotz zeitweiliger Hoffnungsschimmer zeigte sich immer mehr, dass für ein mildes Urteil keine Hoffnung blieb. Letztlich sollte ein Exempel statuiert werden. Anstelle von Bischöfen, die dem Regime missliebig waren (wie Konrad Graf von Preysing oder Clemens August Graf von Galen), wurden einfache Geistliche ausgeschaltet.

Aus der Haftzeit sind zwölf Manuskripte von Pater Lorenz erhalten geblieben, die einen Einblick in seine weltanschauliche Haltung erlauben. Er betont darin, dass er sich von seiner Liebe zum deutschen Vaterland von niemand übertreffen lassen und loyal zu den Gesetzen stehen wolle. Über die NS-Weltanschauung schreibt er indes: „Der Führer ist besessen von den Gedanken Volk und Rasse, für ihn sind diese Dinge absolute Werte. Ich schaue aber noch tiefer und sehe ganz klar, dass diese Dinge keine absoluten Werte sind und sein können." Absoluter Wert bleibt für ihn Gott, daran ist für ihn nicht zu rütteln.

Lorenz wird als ernsthafter, zu Schwermut neigender Mensch geschildert. Kriegserfahrungen und Haft setzten ihm seelisch zu. Kraft schöpfte er aus der Heiligen Messe, die er in seiner Zelle zelebrierte – mit einem Bogen Schreibpapier als Korporale und einem Trinkglas als Messkelch. Unmittelbar vor der Hinrichtung verfasste er sein Testament. Darin deutet er sein bevorstehendes Martyrium folgendermaßen: „Blut fließt auf unseren Altären als Erneuerung des Kreuzopfers. Mit diesem Blut vereinigt sich mein Tröpflein Blut: zur Anbetung, Ehre und Verherrlichung Gottes, dem ich gedient habe, […] zur Sühne für meine Sünden und die Sünden der ganzen Welt, besonders für jene, die ich nicht verhindert, oder an denen ich gar schuldig bin." – Der Gestapo-Mann „Hagen", der den Mittwochskreis verraten und den „Fall Stettin" ins Rollen gebracht hatte, führte bis zu seinem Tod 2005 ein unbehelligtes Leben in Kärnten.

*Der Text stützt sich vor allem auf: Thomas Klosterkamp, Kind und Opfer seiner Zeit. Pater Friedrich Lorenz OMI. Ein Lebensbild, Rom 1994. Eine erste Würdigung seiner Person seitens der Katholischen Militärseelsorge, verfasst von Militärgeneralvikar a. D. Georg Werthmann, wurde 1966 in der Zeitschrift „Militärseelsorge" abgedruckt.*

# „Kein Weg zu schwer,
# kein Feuer zu stark ..."

Pater Rupert Mayer (1876–1945)

Berühmtheit erlangte der Jesuitenpater Rupert Mayer durch seine unbeugsame Haltung im „Dritten Reich". Weniger bekannt ist sein Wirken als Militärseelsorger während des Ersten Weltkriegs. Als erster katholischer Geistlicher wurde er 1915 mit dem Eisernen Kreuz I. Klasse ausgezeichnet. Tapferkeit legte er auch unter anderen Umständen an den Tag; sein persönliches Wohl stellte er dabei zurück.

*Volksmissionar in der Großstadt*

Rupert Mayer, dessen Andenken aufs Engste mit der Stadt München verbunden ist, war Schwabe. Als Spross einer wohlhabenden katholischen Kaufmannsfamilie wurde er 1876 in Stuttgart geboren. Rupert besuchte das Gymnasium, er lernte zu reiten und Geige zu spielen. Nach seinem Abitur in Ravensburg studierte er Theologie in Fribourg, München und Tübingen. 1899 wurde er zum Priester geweiht, danach trat er in den Jesuitenorden ein. Nach verschiedenen Stationen als Volksmissionar kam er 1912 nach München. Herausforderungen geht er nicht aus dem Weg. Er besucht Arbeiterfamilien ebenso wie die Versammlungen weltanschaulicher Gegner. Als er in den zwanziger Jahren feststellt, dass die Münchner am Sonntag gern Ausflüge aufs Land unternehmen und dabei den Kirchgang vernachlässigen, organisiert er frühmorgendliche Gottesdienste im Hauptbahnhof, die auf große Resonanz stoßen. Rupert Mayer kommt aus bildungsbürgerlichem Hause, aber er spricht die Sprache der einfachen Leute. Der unermüdliche Seelsorger wird zur stadtbekannten Persönlichkeit – stets im Dienst für den christlichen Glauben in einer Großstadt, in der Säkularisierung und politische Radikalisierung um sich greifen.

*Blutig ernst mit dem Glauben*

Als 1914 der Erste Weltkrieg ausbrach, drängte es ihn, ins Feld zu kommen. Nach den ersten Tagen als Geistlicher im Feldlazarett Nr. 2 des I. Bayerischen Armeekorps gestand er am 29. August seinen Eltern: „So habe ich mir die Sache doch nicht vorgestellt." Am zweiten Tag hatte er gleich drei Deutsche und vier Franzosen zu beerdigen. Besonders nahm er sich der Schwerverwundeten und Sterbenden an. Im Januar 1915 wurde er Divisionspfarrer und kam an die Front. In der Chronik seines Regiments heißt es über ihn: „Was der Mann bei der kämpfenden

Truppe geleistet hat, geht weit über den Rahmen des Pflichtmaßes hinaus." Die militärischen Vorgesetzten schrieben es Mayers Überzeugungskraft zu, dass die Truppe eine wichtige Stellung gegen die Franzosen halten konnte. Mehrfach erhielt er militärische Auszeichnungen. Zahlreiche Augenzeugenberichte belegen seine Einsatzbereitschaft. Er hielt sich in vorderster Linie auf, sorgte sich nicht um sein eigenes Leben und unterschied bei der Betreuung Verwunderter nicht zwischen Freund und Feind. Ein Reserveleutnant meinte, Pater Mayer sei „kein Mensch wie wir", sondern ein „gottgesandter Tröster". Für ihn war „kein Weg zu schwer, kein Feuer zu stark", um Verwundeten Trost zu spenden. „Wir haben oft die Köpfe hängen und die Füße schleifen lassen", bekannte ein anonymer „Mitkämpfer von Rumänien", „aber *er* war immer lustig und hat die Leute aufgemuntert."

Seine Eltern und Verwandten hatte er 1916 Weihnachtsgaben für die Soldaten an der Karpatenfront sammeln lassen. Als er unterwegs war, um diese zu verteilen, wurde er mit einem Schlag zu Boden geschleudert. Er schien dem Tode nah zu sein. Ein Bein musste amputiert werden. Der Fronteinsatz war für ihn zu Ende. Reflektierend schrieb er ein Jahr später über seinen eigenen Anspruch als Militärseelsorger, man müsse „im Feld zeigen, dass es einem blutig ernst ist mit dem Glauben an die göttliche Vorsehung, mit der treuen Pflichterfüllung bis in den Tod, mit der Übung der christlichen Nächstenliebe [...] bis zur völligen Selbstaufopferung." Ein guter Feldseelsorger müsse jede Stellung aufsuchen und dem Soldaten als hilfsbereiter Freund begegnen, der ihn nie im Stich lässt.

*Ein Christ kann kein Nationalsozialist sein*

Rupert Mayer hatte den Krieg ebenso wenig hinterfragt wie die monarchische Ordnung. Er sah sich nie als politischer Redner und Akteur, sondern blieb Seelsorger und Mann der Kirche. Mit der Demokratie konnte er sich arrangieren, doch meldete er sich immer dann deutlich zu Wort, wenn er in staatlichen Maßnahmen eine Gefährdung des Christentums sah. Sein öffentliches Engagement galt dem Erhalt der Bekenntnisschulen, der Zurückweisung kirchenfeindlicher Diffamierungen in der Presse und dem Kampf gegen eine Entchristlichung der Gesellschaft.

Die Nazis hatte er bereits Anfang der zwanziger Jahre aus nächster Nähe kennengelernt. Er hielt Hitler für einen „außergewöhnlich tüchtigen Volksredner", aber zugleich für einen „Hysteriker reinsten Wassers". Mayer hatte keine Scheu, seine Überzeugung auch im gegnerischen Umfeld kundzutun und trat als Diskussions- und Gegenredner bei Freidenkern, Kommunisten oder Nationalsozialisten auf. Diese Haltung änderte er auch 1933 nicht, als eine bloße Meinungsäußerung lebensgefährlich werden konnte. Freimütig tat er kund, dass ein guter katholischer Christ kein Nationalsozialist sein könne. Papst, Bischöfe und Priester – „das sind unsere Führer", predigte er etwa vor 3.000 jungen Männern in Dillingen. Die Reaktionen der Machthaber blieben nicht aus. Mehrfach wurde er inhaftiert, erhielt Redeverbot, kurz vor Weihnachten 1939 wurde er ins KZ Sachsenhausen eingewiesen. Aber Rupert Mayer ließ sich nicht mundtot machen. So hatte er 1937 vor der Gestapo die Erklärung seines Ungehorsams zu Protokoll gegeben: „Ich werde auch weiterhin in der von mir bisher geübten Art und Weise predigen, selbst dann, wenn die staatlichen Behörden, die Polizei und die Gerichte, meine Kanzelreden als strafbare Handlungen und als Kanzelmissbrauch bewerten sollten." Angesichts einer solch unbeirrbaren Haltung gegenüber der Staatsgewalt wäre es ein Leichtes gewesen, Mayer dauerhaft im KZ zu halten oder zu ermorden. Aber die Nazis wollten ihn nicht zum Märtyrer machen. Er war zu populär. Letztlich verurteilte man ihn nur zum Schweigen. Auf Anordnung des Reichsführers SS wurde der infolge der Haft gesundheitlich geschwächte 64-Jährige 1940 ins Benediktinerkloster Ettal verbannt. Er durfte das Kloster nicht verlassen, keine Beichte hören, so gut wie keinen Besuch empfangen und keine öffentliche Predigt halten.

*Es ist der Herr ...*

Der Einmarsch der Amerikaner 1945 war für Rupert Mayer eine politische und persönliche Befreiung. Er hätte es selbst nicht mehr für möglich gehalten, in sein geliebtes München zurückzukehren. Unermüdlich war sein Einsatz in den Monaten nach Kriegsende. Wo Not herrschte, sorgte er für Hilfe. Entgegen mancher Erwartungen verzichtete er auf eine Abrechnung mit dem NS-Regime und seinen Unterstützern. „Das einfache Volk konnte nichts dagegen machen", war seine Überzeugung. Er sprach von Versöhnung, und nicht wenige frühere Parteigenossen nutzten die Gelegenheit, sich von dem integren Pater ein positives Leumundszeugnis, einen „Persilschein" für ihre Entnazifizierung ausstellen zu lassen. Auch Gestapo-Leuten, die ihn einst verhört hatten, verzieh er. Nur sich selbst und seiner eigenen Gesundheit ließ er keine Schonung angedeihen. Er erlitt zwei Schlaganfälle und arbeitete unermüdlich weiter. An Allerheiligen 1945 predigte er wie so oft in der Kreuzkapelle der stark zerstörten Münchner Michaelskirche. Sein Thema war die Eucharistie als Quelle der christlichen Nächstenliebe. Bei den Worten „Es ist der Herr ..." geriet er ins Stocken. Die Beinprothese verhinderte, dass er am Altar umfiel. Man brachte den Bewusstlosen ins Krankenhaus und diagnostizierte einen weiteren Schlaganfall. Wenige Stunden später war Pater Rupert Mayer tot. Die Nachricht vom Tod des „15. Nothelfers" verbreitete sich schlagartig in München. Den Presseberichten nach nahmen Zehntausende persönlich von ihm Abschied.

1987 wurde Rupert Mayer von Papst Johannes Paul II. seliggesprochen. In Biographien und Filmen wurde sein Leben nacherzählt. Auch die Katholische Militärseelsorge hält das Andenken an den einstigen Feldseelsorger aufrecht. Alljährlich feiert sie zum Todestag einen Gedenkgottesdienst an seinem Grab in der Münchner Bürgersaalkirche. Das Pater-Rupert-Mayer-Haus in SHAPE / Belgien, die 2012 geweihte Kapelle am Standort Bad Reichenhall sowie die 2017 eingeweihte Geschäftsstelle der Katholischen Arbeitsgemeinschaft für Soldatenbetreuung (KAS) in Berlin-Marienfelde tragen seinen Namen. Schon bald nach der Seligsprechung wurde Pater Rupert Mayer von vielen als der ideale Patron für die Militärseelsorge angesehen.

*Der Text stützt sich vor allem auf die die Rupert-Mayer-Biographien von Wilhelm Sandfuchs (1981) und Roman Bleistein (1993); sowie auf die Publikation „Seliger Pater Rupert Mayer SJ. Informationen – Berichte – Gebetserhörungen, Folge 218" (November 2016). Für Hinweise dankt der Verfasser dem Historiker Dr. Michael Stumpf, München.*

# „Katholiken aller Länder vereinigt euch!"

Dr. Max Josef Metzger (1887–1944)

Er war eine streitbare Persönlichkeit. Konflikten ging er nicht aus dem Weg, weder in persönlicher noch in ideologischer Hinsicht. Dafür trug er die Konsequenzen. Am 17. April 1944 wurde der Priester Max Josef Metzger im Zuchthaus Brandenburg-Görden hingerichtet. Bis zum letzten Atemzug stand er zu seinen Überzeugungen, die dem Geist der Zeit zuwiderliefen. Seine Leitideen waren Frieden, Ökumene, Demokratie, Abstinenz und über allem die Verehrung Jesu Christi als wahren König der Welt jenseits aller irdischen Machtansprüche.

*Feldgeistlicher und Pazifist*

Der Lehrerssohn Max Josef Metzger wurde 1887 im südbadischen Schopfheim geboren. Dass er zur katholischen
Minderheit in einem evangelisch dominierten Ort gehörte, prägte ihn, ließ in ihm ein besonderes Interesse für
die Versöhnung der Konfessionen wachsen, mit der er
seiner Zeit voraus war. Nach dem Abitur in Konstanz
studierte er Theologie in Freiburg und Fribourg, wo er
1910 promoviert wurde. Als vier Jahre später der Erste
Weltkrieg ausbrach, meldete sich Kaplan Metzger freiwillig als Divisionspfarrer. Am Hartmannsweilerkopf im El-
sass erlebte er schwerste Gefechte; für seine aufopfernde
Tätigkeit in den Schützengräben wurde ihm das Eiserne
Kreuz verliehen. Nach einer Rippenfell- und Lungenent-
zündung war er bereits im Sommer 1915 kriegsuntaug-
lich. In einer positiv aufgenommenen Broschüre mit dem
Titel „Wollt ihr siegen?" vertrat er die Ansicht, dass durch
Abstinenz von Alkohol die Kampfkraft der Soldaten ge-
steigert werden könne. Er, der seit seinem 23. Lebensjahr
auf Fleisch, Tabak und Alkohol verzichtete, widmete sich
ab Oktober 1915 als Generalsekretär des Österreichischen Kreuzbündnisses in Graz intensiv der Fürsorge für
Suchtkranke.

Seine eigenen Kriegserlebnisse und die Tatsache, dass
Christen sich gegenseitig umbrachten, belasteten Metzger. Er vertrat die Ansicht, der Weltkrieg sei deshalb aus-
gebrochen, weil viele Christen nicht mehr nach den Geboten ihrer Religion lebten. „Ohne Christus, ohne tiefstes Christentum ist Krieg. Aber Christus, das unver-
fälschte Christentum verbürgt den Frieden", schrieb er
1918. Bereits ein Jahr zuvor hatte er ein Friedenspro-
gramm mit zwölf Punkten verfasst und dem Papst vor-
gelegt, in dem er zum Ende der Kampfhandlungen, zu
einer Friedenserziehung der Jugend und zu einer Umkehr
der Christenheit nach den Idealen der Bergpredigt

aufrief. Der vormalige Feldseelsorger war bald einer der führenden Persönlichkeiten der katholischen Pazifisten und trat nach Kriegsende auf internationalen Friedensversammlungen auf. Die Tatsache, dass er sprachlich gewandt war und ebenso auf Französisch wie auf Esperanto predigen konnte, kam ihm dabei zugute und steigerte sein Ansehen. Gleichwohl blieb der unbequeme Querdenker und Visionär Metzger auch innerkirchlich ein umstrittener Außenseiter, der von vielen nicht verstanden wurde. Er propagierte einen christlichen Sozialismus, dessen Ziel die Verwirklichung des sozialen Königtums Christi in der Welt sein sollte. In bewusster Anlehnung an die sozialistische Terminologie rief er auf einem Friedenskongress in Den Haag 1920 auf: „Katholiken aller Länder, vereinigt euch! Es lebe die Katholische Internationale!" So sehr sich Metzger, der 1914 noch von einem gerechten Krieg ausgegangen war, zum überzeugten Pazifisten gewandelt hatte, so wenig negierte er grundsätzlich die Notwendigkeit bewaffneter Streitkräfte. In einer geheimen Denkschrift, die er 1943 formulierte und die ihm letztlich zum Verhängnis wurde, forderte er die Einrichtung von Polizeitruppen zur Aufrechterhaltung der inneren Ordnung sowie die Auflösung der nationalen Armeen zugunsten einer „überstaatlichen Wehrmacht, die im Dienst eines unparteiischen Organs der ‚Vereinigten Staaten von Europa' einen gerechten Frieden unter den Staaten zu schützen übernimmt."

*„Christus muss König sein!"*

Metzgers Agieren war nicht nur politisch, sondern auch auf eine Erneuerung der Kirche ausgerichtet. Mit den in den Ohren der Zeitgenossen provokanten Worten „Katholiken werdet evangelisch! Evangelische, werdet katholisch!" begründete er eine ökumenische Bewegung, die ab 1938 den Namen *Una Sancta* trug. Seinen zentralen

Wirkungsort hatte er gegen Ende der 1920er Jahre, auch aufgrund persönlicher Auseinandersetzungen, von Graz nach Meitingen bei Augsburg verlegt. Hier leitete er eine Trinkerheilstätte, er betätigte sich als Verleger und benannte die von ihm gegründete Missionsgesellschaft vom Weißen Kreuz in Christkönigsgesellschaft um. Diese bestand aus einem Inneren Kreis, in dem eine moderne Form der Ordensgemeinschaft gelebt wurde; Männer und Frauen lebten getrennt und beteten gemeinsam. Hinzu kam ein Äußerer Kreis, deren Mitglieder Familien haben und weiter ihren Berufen nachgehen konnten. Überhaupt war die Bewegung sehr stark auf eine aktive Mitarbeit von Laien ausgerichtet. Metzger nahm vieles vorweg, was erst Jahrzehnte später mit dem Zweiten Vatikanischen Konzil allgemeine Akzeptanz finden sollte. Er zelebrierte bereits mit Blick zum Volk und verwendete die deutsche Sprache in der Liturgie.

„Christus muss König sein!" war die Devise der Christkönigsbewegung, die mit der Einführung des Christkönigsfestes durch Papst Pius XI. 1925 weiteren Auftrieb erhielt. Ab 1933 erhielt dieser Anspruch eine neue politische Dimension, verband sich doch mit ihm ein klares Bekenntnis gegen Führerkult und unumschränkte Herrschaft einer Partei. Der Konflikt mit dem Regime war unausweichlich. Die neuen Machthaber beobachteten Metzgers vordergründig rein religiös-missionarische Aktivitäten argwöhnisch. Zweimal wurde er kurzzeitig inhaftiert. Er verabscheute den Rassenantisemitismus und setzte sich für verfolgte Juden ein, obgleich er selbst in den Jahren nach dem Ersten Weltkrieg aus einer antikapitalistischen Haltung heraus antisemitischen Ressentiments verfallen war.

*Verrat und Todesurteil*

Metzger zog 1940 in die Reichshauptstadt und fand in der Pfarrei St. Joseph im Wedding eine neue Heimat. 1941 schrieb er einen Brief an Adolf Hitler, in dem er ihn zum Rücktritt aufforderte. Er erkannte jedoch schnell, dass das Unterfangen aussichtslos war und sandte ihn nicht ab. Er trat in Kontakt zur bürgerlichen Widerstandsgruppe um Hanna Solf. Dass er damit sein Leben riskierte, war ihm wohl bewusst. Doch dachte er nicht an die konkrete Gefahr, als er einer aus Schweden stammenden Bekannten eine von ihm verfasste Denkschrift für die künftige demokratische Neuordnung Deutschlands in die Hand drückte, damit diese sie an den Erzbischof von Uppsala weiterleite. Die erwähnte Forderung einer europäischen Armee war neben freien Wahlen, Menschenrechten, Sozial- und Friedenspolitik nur einer der gegen das Regime gerichteten Punkte. Die Frau, die sich sowohl an der ökumenischen Bewegung als auch im Solf-Kreis beteiligte, entpuppte sich indes als Agentin der Gestapo. Metzger wurde abermals in Schutzhaft genommen und stand am 14. Oktober 1943 vor Roland Freisler im Volksgerichtshof. „Hochverrat" und „Feindbegünstigung" lautete die Anklage. Für den berüchtigten NS-Richter war Metzger eine „Pestbeule", die man „ausmerzen" müsse. Das Gerichtsverfahren war eine Farce. Metzger schrieb im Gefängnis darüber, wie er sein Urteil aufnahm: „Es überkam mich ein Gefühl stolzer Verachtung, als ich das Todesurteil hörte. Ich wusste, dass es keine Schande, sondern eine Ehre war, von einem solchen Gericht ‚ehrlos' erklärt zu werden. […] Ich war in keiner Weise getroffen."

Ein halbes Jahr nach der Verurteilung wurde Metzger enthauptet. Sein Leichnam wurde 1968 aus Berlin nach Meitingen überführt, wo bis heute das auf ihn zurückgehende Christkönigs-Institut besteht. Auch an seinen anderen Wirkungsorten wird Max Josef Metzger verehrt; seit 2006 läuft ein Seligsprechungsverfahren. Die christliche Friedensbewegung feiert in ihm einen ihrer großen Initiatoren und Visionäre. Das Todesurteil wurde 1997 aufgehoben.

*Der Text stützt sich unter anderem auf: Christian Heß „Ohne Christus, ohne tiefstes Christentum ist Krieg". Die Christkönigsthematik als Leitidee im kirchlich-gesellschaftlichen Engagement Max Josef Metzgers, Paderborn 2016; sowie auf: Karl Kardinal Lehmann, Der Priester Max Josef Metzger. Gestapo-Haft und Todesurteil (Topographie des Terrors, Notizen Bd. 11), Berlin 2016.*

# „Nein, ich werde *nicht* den Treueid leisten!"

Pater Franz Reinisch (1903–1942)

Der katholische Wehrmachtpfarrer Heinrich Kreutzberg wirkte mehr im Gefängnis als an der Front. Im Wehrmachtgefängnis Tegel saßen Häftlinge ein, die den Beistand eines Seelsorgers gut gebrauchen konnten. Für viele gab es keine Hoffnung, die Haft lebend zu verlassen. Am 25. Juni 1942 wurde der Pfarrer zu einem Gefangenen gerufen, der ihn nachhaltig beeindrucken sollte: Franz Reinisch, ebenfalls Priester, einberufen zur Wehrmacht, angeklagt aufgrund des Versuchs, sich dem Wehrdienst zu entziehen. Kreutzberg war bereits im Vorfeld über den

Fall informiert. Sogar Feldbischof Rarkowski hatte ihm persönlich aufgetragen, den Mann ausfindig zu machen und zu sehen, was man für ihn tun könne – bzw. um ihn umzustimmen. Der Wehrmachtpfarrer und der Kriegsdienstverweigerer entwickelten schnell ein enges, vertrauliches Verhältnis. Reinisch beglückte es, dass ihm der Mitbruder gleich beim ersten Besuch das Altarsakrament mitgebracht hatte. Dessen Vorgänger hatte ihm wenige Wochen vorher noch im Hinblick auf seinen Ungehorsam die Kommunion vorenthalten. Für den Gefangenen war Kreutzberg in den folgenden Wochen sein „priesterlicher Schutzengel". Er ließ sich von ihm ermutigen, ein Tagebuch zu schreiben und darin seinen Lebensweg und die Beweggründe für seine ablehnende Haltung darzulegen.

## Tief religiös und lebensfroh

Franz Reinisch, geboren 1903 in Feldkirch / Vorarlberg und aufgewachsen in Tirol, entstammte einer bildungsbürgerlichen österreichischen Beamtenfamilie. Sein Weg zum Priester und Märtyrer war nicht vorgezeichnet. Als junger Mensch liebte er das Leben. Er rauchte gern, er tanzte leidenschaftlich, er verliebte sich. Gleichermaßen hatte er die tiefe Frömmigkeit seines Elternhauses verinnerlicht. Als Abiturient entschied er sich eher aus Verlegenheit nach dem Vorbild seines älteren Bruders zu einem Jurastudium in Innsbruck und Kiel. Nach dem Besuch von Exerzitien reifte in ihm der Wunsch, Priester zu werden. Er brach sein Studium ab und ging ins Priesterseminar nach Brixen. Nach seiner Priesterweihe trat er in den Orden der Pallottiner ein. Eine schwere Prüfung bedeutete es für ihn, als er beim Eintritt ins Noviziat all seine Zigaretten abgeben musste. Mehr als einmal war er kurz davor, das Ordens- und Priesterleben wieder aufzugeben. 1933 wurde er durch eine Zeitschrift auf die

Apostolische Bewegung von Schönstatt und ihren charismatischen Gründer Josef Kentenich aufmerksam. Die Verbindung aus religiöser Aufbruchstimmung, inniger Marienfrömmigkeit und Ablehnung des NS-Regimes stieß bei ihm auf ein offenes Herz. „Das Echo war in mir urgewaltig", schrieb er später. Reinisch wirkte in der Folgezeit als Ordenspriester an verschiedenen Orten im Deutschen Reich. Mit Leidenschaft predigte er für einen religiösen Aufbruch und gegen eine Gesellschaft mit säkularen und neuheidnischen Tendenzen. Damit geriet er ins Visier der Gestapo. Nachdem er vor jungen Männern Ansprachen gehalten hatte, die man als versteckte Kritik am politischen System deuten konnte, wurde er 1940 mit einem reichsweiten Redeverbot belegt. Dadurch war eine feste Pfarrstelle für ihn ausgeschlossen, und er konnte nicht mehr vom Wehrdienst freigestellt werden.

*NS-Regime ist keine gottgewollte Autorität*

Am 8. April 1942 erhielt Reinisch den Gestellungsbefehl zur Wehrmacht, wo er als Sanitätssoldat vorgesehen war. Er hatte bereits seit längerem damit gerechnet. Und er hatte bereits die Entscheidung getroffen, den damit verbundenen Eid auf Adolf Hitler nicht zu leisten. Ganz bewusst reiste er einen Tag zu spät in die Kaserne nach Bad Kissingen und erklärte dort seine Absicht der Verweigerung. Er lehne nicht den Militärdienst oder die Wehrmacht als solche ab, aber er könne es nicht mit seinem Gewissen vereinbaren, diesen Dienst unter dem herrschenden Regime zu verrichten.

In seinem Tagebuch führte Reinisch die Entscheidungsgründe näher aus. „Die gegenwärtige Regierung ist keine gottgewollte Autorität, sondern eine nihilistische Regierung, die ihre Macht errungen hat durch Gewalt, Lug und Trug!" Im Prozess sprach er demzufolge unumwunden aus: „Von einer Regierung, die ich nicht anerkenne, lasse ich mir keine Befehle erteilen." Er vertrat den Standpunkt, dass in Ordnungsfragen immer Gehorsam zu leisten sei, im geistigen Bereich müsse jedoch die Überzeugung des eigenen Gewissens das Sagen haben, die außerhalb des Befehlsbereichs der Gesellschaft liege. Mit politischen Äußerungen hielt sich der Pallottinerpater weitgehend zurück. Er wollte nicht als unbeirrbarer Vertreter des politischen Katholizismus in Erscheinung treten. Wenn er konkret wurde, nannte er Verfehlungen des Regimes, mit denen er als österreichischer Ordensgeistlicher zumindest indirekt konfrontiert war. So bezeichnete er die Annexion Österreichs und die Enteignung von Kirchengütern als unrechtmäßig und zeigte die Verlogenheit des Regimes, wenn es zum Kampf des Abendlands gegen den Bolschewismus aufrief. Reinisch sprach von „Mord" und „naturwidrigen Gesetzen" – Kriegsverbrechen und Judenverfolgung nannte er nicht explizit.

Im Umfeld des Prozesses gab es diverse Versuche, den Wehrdienstverweigerer zur „Einsicht" zu bringen. Auch seine Ordensoberen versuchten ihn umzustimmen. Fiel er nicht den im Felde stehenden Mitbrüdern in den Rücken? Ein Freispruch wäre leicht gewesen, wenn er sich nur zu einem „Ja" durchringen hätte können und den Dienst in der Wehrmacht antreten würde. Reinisch hatte sich ja bisher auch im Sinne der regimehörigen Staatsvertreter keines Verbrechens schuldig gemacht. Doch er blieb standhaft. „Nein, ich werde nicht den Treueid leisten!" gab er am 7. Juli vor dem Reichskriegsgericht in Berlin zu Protokoll. Darauf folgte das Todesurteil. Bis zur Vollstreckung sollten noch mehrere Wochen vergehen. Immer wieder besuchte ihn Pfarrer Kreutzberg. Am frühen Morgen des 21. August 1942 wurde er zusammen mit sechs anderen ehemaligen Soldaten im Zuchthaus Brandenburg-Görden enthauptet. Die Hinrichtungen erfolgten im Dreiminutentakt.

*Gefallen im Kampf gegen das Neuheidentum*

Reinisch nahm seine Zeit als nahezu apokalyptisch wahr. Er befürchtete eine Verstaatlichung der Religion und damit Entchristlichung im nationalsozialistischen Sinne. Gleichwohl scheint aus seinen Aufzeichnungen die Hoffnung durch, dass das NS-Regime dem baldigen Untergang geweiht sei. Dafür stand vor ihm die Vision einer neuen Blütezeit der Kirche, in der auch der Bolschewismus überwunden werden könne. Der Bewegung von Schönstatt maß er dabei eine tragende Rolle bei. Das deutsche Volk sollte wieder ein „starkes und freies Gottesvolk inmitten der Völker des Abendlandes" werden. Für sich persönlich wusste er sich von der Hoffnung getragen, bald die göttliche Herrlichkeit schauen zu dürfen. Er bat seine Eltern daher auch, nach seinem Tod nicht in Trauer zu gehen, schließlich sei er gut aufgehoben.

Von den vielen zur Wehrmacht einberufenen katholischen Priestern war Reinisch der einzige, der es mit allen Konsequenzen ablehnte, einen Eid auf Hitler zu leisten. Sein seelsorglicher Betreuer, Pfarrer Kreutzberg, nahm sich bereits kurz nach Kriegsende seinem Andenken an. Unter abenteuerlichen Umständen gelang ihm 1946 die Überführung der sterblichen Überreste nach Schönstatt. Anlässlich der feierlichen Urnenbeisetzung am 1. Mai 1946 fand der frühere Wehrmachtseelsorger ehrende Worte, die in heutigen Ohren ein wenig martialisch klingen. Auch Reinisch sei, so Kreutzberg in seiner Predigt, „gefallen im Kampf, nicht draußen auf den Schlachtfeldern des Krieges, sondern auf dem Schlachtfeld des religiös-sittlichen Kampfes in Deutschland. Er starb im Kampf gegen die Gewalt des Neuheidentums." 1953 verfasste Kreutzberg auf Grundlage der gemeinsamen Gespräche und der Tagebuchaufzeichnungen eine Biographie, die auf breite Resonanz stieß. 60 Jahre später wurde seitens des Bistums Trier der Prozess zur Seligsprechung von Franz Reinisch eröffnet. Ein Einspruch könnte wohl höchstens von ihm selbst kommen. Bei einem der letzten Besuche im Gefängnis hatte er dem Militärpfarrer die ernsthafte Bitte mit auf den Weg gegeben: „Machen Sie aber keinen Heiligen aus mir!"

*Der Text stützt sich vor allem auf die Biographie von Heinrich Kreutzberg, Franz Reinisch. Ein Martyrer in unserer Zeit, Limburg 1953, sowie auf Unterlagen im Archiv des Katholischen Militärbischofs (SW 511, 977 und 1050). Das Gefängnistagebuch von Franz Reinisch ist komplett auf der Internetseite www.franz-reinisch.org veröffentlicht.*

# „Einer unserer besten Feldgeistlichen"

Kriegspfarrer Dr. Josef Maria Reuß (1906–1985)

Allein das Wimmern und Weinen mitanzuhören, war kaum erträglich. Etwa 90 Kinder, im Alter von wenigen Monaten bis zu sieben Jahren, waren seit Tagen in einem Haus am Stadtrand von Bjelaja Zerkow (Ukraine) eingesperrt – ohne Versorgung, ohne Eltern. Diese waren wenige Tage zuvor von SS-Einheiten erschossen worden. Der Grund: Sie waren Juden. Jetzt kratzten einige größere Kinder den Mörtel von den Wänden, um ihren Hunger zu stillen. Eine Siebenjährige versuchte verzweifelt, einem Säugling die Brust zu geben. Die in unmittelbarer Nähe untergebrachten Soldaten der Wehrmacht wandten sich hilfesuchend an die vier Kriegspfarrer, die zu diesem Zeitpunkt vor Ort waren.

27 Jahre später gab einer von ihnen, den nunmehrige Mainzer Weihbischof Josef Maria Reuß, seine Erinnerungen an die schrecklichen Ereignisse vom August 1941 im Darmstädter Einsatzgruppenprozess folgendermaßen zu Protokoll: „Die Kinder lagen oder saßen auf dem Boden, der von ihren Ausscheidungen bedeckt war. Fliegen saßen zum großen Teil auf den teilweise nur halb bekleideten Kindern auf Beinen und Unterleib. […] Die besichtigenden Soldaten waren, ebenso wie wir, über diese unglaublichen Zustände erschüttert und äußerten sehr ihren Unwillen darüber." Die vier Wehrmachtseelsorger (zwei evangelisch, zwei katholisch) erhoben umgehend und einmütig Protest. Oberst Helmut Groscurth, erster Generalstabsoffizier der 295. Infanterie-Division, nahm sich der Sache an. Groscurth, ein konservativer Pastorensohn, war bereits seit Jahren Gegner des NS-Regimes und an Plänen zum Sturz Hitlers beteiligt. Er ließ die jüdischen Kinder notdürftig versorgen. Doch nach außen musste er den Schein wahren und innerhalb der Denkmuster des Systems argumentieren. Ein Appell an die Menschlichkeit hätte keine Aussicht auf Erfolg gehabt. So brachte der von den Geistlichen initiierte Protest nur zum Ausdruck, dass die Erschießungen die „Manneszucht" der Soldaten beeinträchtigten und es dem Ansehen der Wehrmacht abträglich sei, wenn solche Vorkommnisse in der Heimat bekannt würden. Genützt hat es dennoch nichts. Der linientreue Generalfeldmarschall Walter von Reichenau erteilte dem Oberst ob seines Einspruchs eine Rüge und ordnete an, dass die Kinder wie ihre Eltern erschossen werden sollten. SS-Einheiten, bestehend aus ukrainischen Freiwilligen, sorgten rasch für die Umsetzung.

Der Mordaktion von Bjelaja Zerkow ist eines der wenigen Ereignisse, bei denen Wehrmachtseelsorger nachweislich Zeugen von Kriegsverbrechen wurden und dagegen ihre Stimme erhoben. Der Fall zeigt, dass es in der Wehrmacht möglich war, Grausamkeiten anzuzeigen. Repressalien hierfür blieben aus, aber auch der erwünschte Erfolg, die Rettung der Kinder.

*Keiner hat geistlichen Beistand abgelehnt*

Der Dienst von Pfarrer Reuß bei der Wehrmacht in den Jahren 1940–44 war geprägt von Härten und Entbehrungen. Im Februar 1942 meldete er aus dem Kriegslazarett „gehorsamst, dass ich in der Nacht vom 18. zum 19. Januar bei der Bergung von Verwundeten während des Eindringens der Russen in unsere Stellungen beide Füße erfroren habe (Erfrierungen 2. und 3. Grades)." Nach zwei bis drei Monaten gedachte er wieder dienstfähig zu sein. Doch nach drei Amputationen war an einen weiteren Dienst an der Ostfront nicht mehr zu denken. Reuß wurde als Lazarettpfarrer nach Paris versetzt. Dort oblag ihm auch zusammen mit anderen Priesterkollegen die Betreuung des Wehrmachtgefängnisses Fresnes. Zweimal wöchentlich, jeweils bis zu elf Stunden, besuchte er die Gefangenen. Rund 150 zum Tode Verurteilte begleitete er in ihren letzten Stunden bis zur Exekution. Im letzten Seelsorgebericht vom Herbst 1944 hob er hervor, wie stark seine Dienste von den Inhaftierten in Anspruch genommen wurden: „Im Gefängnis war die religiöse Aufgeschlossenheit sehr groß, der Sakramentenempfang sehr gut. Auch solche, die früher aus der Kirche ausgetreten waren, verlangten ausdrücklich den Besuch des Pfarrers und kehrten zur Kirche zurück. Von den Exekutierten hat keiner den geistlichen Beistand abgelehnt." Die Berichte decken sich mit dem, was sein Vorgesetzter, Feldgeneralvikar Georg Werthmann nach Kriegsende über

Reuß notierte: Er sei „als einer unserer besten Feldgeistlichen anzusehen. [...] Die Soldaten blickten mit Verehrung und Liebe zu ihm empor und auch die Offiziere waren ihm ohne Unterschied der Konfession zugetan." So hatte auch Oberst Groscurth bestätigt, dass Kriegspfarrer Reuß der Division Achtung vor dem Christentum beigebracht habe.

*Bei denen sein, die ihr Leben einsetzen*

Josef Maria Reuß war ein Seelsorger, der bewusst seinen eigenen Weg ging, auch wenn dieser nicht immer der leichteste und bequemste war. 1906 in Limburg an der Lahn in bürgerlichen Verhältnissen geboren, hegte er schon als Abiturient den Wunsch, Priester zu werden. Er verstand es geschickt, den seitens seines Heimatbistums vorgesehenen Weg der Priesterausbildung zu umgehen und absolvierte seine theologischen Studien in Freiburg und Innsbruck, um letztlich mit nur 23 Jahren im Bistum Mainz inkardiniert zu werden. 1934 promovierte er über Adam Tanner, einen Gelehrten des 17. Jahrhundert, der gegen die Hexenverfolgung Stellung bezogen hatte. Reuß widmete sich der kirchlichen Jugendarbeit und geriet dabei in Konflikt mit den NS-Machthabern. 1936 wurde ihm in Hessen die Erteilung des Religionsunterrichts untersagt, da er nach Ansicht des Reichsstatthalters keine Gewähr dafür biete, sich vollumfänglich für den nationalsozialistischen Staat einzusetzen. Dezidiert wandte er sich gegen den NS-Ideologen Alfred Rosenberg und Planungen zur Gründung einer „deutschen Volkskirche". Rückhalt bekam er vom Mainzer Bischof Albert Stohr, der selbst mehrfach das Ziel nationalsozialistischer Hetzkampagnen wurde. 1940 erteilte die Reichsschrifttumskammer Reuß ein Verbot schriftstellerischer Tätigkeit. Doch zu diesem Zeitpunkt war dieser bereits mit anderen Dingen beschäftigt. Der vormalige Rektor eines Exerzitienhauses und der Mainzer Alumnen im Priesterseminar Fulda hatte sich freiwillig zum Dienst als Kriegspfarrer gemeldet. Wie für viele dürfte er die Feldseelsorge als eine Art Fortsetzung der Jugend- und Jungmännerseelsorge angesehen haben. In dem für den Fall seines Todes formulierten Abschiedsbrief an seine Mutter bekannte er, er wolle „vorn bei denen sein, die ihr Leben einsetzen müssen und auf ihren Priester einen besonderen Anspruch haben."

*Wandel in der Sexualmoral*

Die Zeit als Militärseelsorger habe „tiefe Eindrücke" in seinem Leben hinterlassen, schrieb Reuß Jahrzehnte später an das Katholische Militärbischofsamt. Nach Kriegsende standen freilich andere Themen im Vordergrund seines Interesses. Er widmete sich wiederum der Priesterausbildung und leitete über 20 Jahre lang das Mainzer Priesterseminar. Die Seminaristen nahmen ihn als starke Vaterfigur wahr. Er konnte an Erfahrungen aus der Vorkriegszeit anknüpfen, doch es hätte seinem Naturell widersprochen, dabei stehen zu bleiben. Zu einer zeitgemäßen Priesterausbildung gehörte für ihn auch, Denkverbote zu überwinden. Letztendlich hielt er auch die Zulassung verheirateter Männer zum Priesteramt für erwägenswert. Reuß, der 1954 die Bischofsweihe erhalten hatte, wurde zu einem Vordenker und durchaus streitbaren Mitgestalter des Zweiten Vatikanischen Konzils.

Ein Kampf, der sich als besonders zäh erweisen sollte, galt einer Neupositionierung der Kirche zu Familienplanung und Elternschaft in individueller Verantwortung. Schon 1961 sorgte Reuß mit seinem Buch „Geschlechtlichkeit und Liebe" für Aufmerksamkeit. In sachlicher Weise legte er infolgedessen dar, warum er die Enzyklika *Humanae Vitae* von 1968 für eine „fehlbare Lehrentscheidung" hielt und er mit dem darin enthaltenen päpstlichen

Verbot künstlicher Empfängnisverhütung nicht konform gehen konnte. Mehrfach wurde Reuß aus Rom aufgefordert, öffentliche Äußerungen diesbezüglich zu unterlassen. Er wies dies unter Berufung auf sein Gewissen zurück. Möglicherweise hat ihn das vergebliche Ringen um eine Liberalisierung der kirchlichen Sexualmoral mehr zermürbt als manche Mühsal des Krieges. Gesundheitlich schon seit seiner Jugend angeschlagen, verbrachte er die letzten Lebensjahre infolge eines Schlaganfalls im Rollstuhl. In einem Dankbrief anlässlich seines 75. Geburtstags bedauerte er am meisten, dass er nur noch wenige Worte selbst schreiben konnte.

*Der Text stützt sich unter anderem auf Unterlagen im Archiv des Katholischen Militärbischofs (SW 684); sowie: Peter Reifenberg und Annette Wiesheu (Hrsg.), Weihbischof Josef Maria Reuß (1906–1985) zum 100. Geburtstag, Mainz 2007.*

# „Ein herzensguter Kerl während der Hitler-Zeit"

Feldwebel Anton Schmid (1900–1942)

Man brauchte keinen intellektuellen Weitblick, um die Verbrechen des Nationalsozialismus als solche zu erkennen und dagegen zu handeln. Das Schicksal von Anton Schmid, der als Feldwebel der Wehrmacht jüdischen Widerstand unterstützte, gibt dafür ein Beispiel ab.

Anton Schmid wurde am 9. Januar 1900 als Sohn eines Bäckergehilfen und einer Kleidermacherin in Wien geboren. Volksschule, Kriegsdienst im Ersten Weltkrieg, Anstellung bei der Post – sein Leben verlief nicht ungewöhnlich. 1926 eröffnete er ein Geschäft für Radio- und Fotoapparate, in dem er Reparaturen vornahm und drei Angestellte beschäftigen konnte.

## Christenpflicht, Juden zu helfen

Enge Kontakte pflegte der Katholik Schmid zu Juden in der Nachbarschaft, ebenso in seinem Laden. Gerüchten zufolge war er auch einmal in ein jüdisches Mädchen verliebt gewesen. Nach Aussagen seiner Witwe Stefanie half er sogar immer mal wieder als „10. Mann" aus, der nach der Tradition notwendig war, um einen jüdischen Gottesdienst zu feiern. Nach dem Anschluss Österreichs ans Deutsche Reich 1938 half er über 3000 Juden bei der Flucht in die Tschechoslowakei und in die Schweiz durch Fälschung von Papieren. Er ohrfeigte einen Jugendlichen, der mutwillig in eine jüdische Bäckerei einen Stein geworfen hatte und legte sich dabei mit der Polizei an. „Ein herzensguter Kerl während der Hitler-Zeit" sei Schmid gewesen, so das Urteil eines Zeitgenossen aus der Wiener Nachbarschaft. „Schmid sah es als seine Christenpflicht an, den verfolgten Juden zu helfen", so brachte es der Holocaust-Überlebende und „Nazi-Jäger" Simon Wiesenthal zum Ausdruck.

1940 wurde Schmid zur Wehrmacht eingezogen und im September 1941 in Wilna stationiert. Dort lebten rund 60.000 Juden. Die deutschen Besatzer richteten in der eroberten Stadt zwei Ghettos ein, die bis 1943 bestanden. Die überwiegende Zahl ihrer Bewohner wurde vor Ort ermordet oder deportiert. Die Verbrechen, wie sie etwa der ob seiner sadistischen Art als „Schlächter von Wilna" berüchtigte SS-Führer Franz Murer begangen hatte, blieben vielfach ungesühnt.

Feldwebel Schmid leitete eine Sammelstelle für versprengte Wehrmachtsoldaten und beaufsichtigte in mehreren Werkstätten jüdische Arbeiter. Deren Arbeitsgenehmigungen konnten für die Beschäftigten und ihre Familien lebensrettend sein. Ähnlich wie bereits vor Kriegsbeginn in Österreich ermöglichte er durch Dokumentenfälschung über 300 Juden aus dem Ghetto von Wilna die Flucht nach Weißrussland. Geld verlangte er dafür keines. Außerdem sorgte er für die Lebensmittelversorgung seiner Leute und hielt Widerstandskämpfer in Kellerräumen versteckt. Unter höchster Lebensgefahr schlich er sich ins Ghetto, verteilte Brot, Medikamente und Flaschenmilch für Säuglinge. Auch der Aufstand im Warschauer Ghetto erhielt aus dem Widerstandskreis um Schmid Unterstützung. Der Schriftsteller Hermann Adler, der selbst mit seiner Frau in Schmids Dienstgebäude Unterschlupf gefunden hatte, meinte später, dass es ohne Schmid nie einen Aufstand im Warschauer Ghetto gegeben hätte. „Der kleine Feldwebel Schmid", so Adler, „schaffte Verbindungswege und ermöglichte Taten, die für die jüdische Geschichte von ewiger Bedeutung sein dürften." Bis auf einzelne kirchliche Kontakte blieb Schmid fast auf sich allein gestellt. Auf ein Netzwerk des Widerstands innerhalb der Wehrmacht konnte er nicht hoffen. Schmid wurde Anfang 1942 denunziert, verhaftet und von einem Feldkriegsgericht zum Tode verurteilt. In seinen letzten Stunden leistete ihm der katholische Kriegspfarrer Friedrich Kropp seelischen Beistand. Am 13. April 1942 wurde Schmid erschossen.

*„Ich habe nur als Mensch gehandelt."*
Über die Motivation seines Handelns äußerte sich Anton Schmid in einem der Abschiedsbriefe an seine Ehefrau – vier Tage vor der Hinrichtung: „Hier waren sehr viele Juden, die vom litauischen Militär zusammengetrieben und auf einer Wiese außerhalb der Stadt erschossen worden, immer so 2000–3000 Menschen. Die Kinder haben sie auf dem Wege gleich an die Bäume angeschlagen. Kannst

Dir ja denken. Ich musste, was ich nicht wollte, die Versprengtenstelle übernehmen, wo 140 Juden arbeiten, die baten mich, ich möge sie von hier wegbringen oder es einem Fahrer mit Wagen sagen. Du weißt ja, wie mir ist mit meinem weichen Herzen – ich konnte nicht denken und half ihnen, was schlecht war von Gerichts wegen. […] Ich habe nur als Mensch gehandelt und wollte ja niemandem weh tun." Sein Schicksal hielt er angesichts des Todesurteils von Gott bestimmt. „Wenn ihr, meine Lieben," so schrieb er an Frau und Tochter, „das Schreiben in Euren Händen habt, dann bin ich nicht mehr auf Erden, werde Euch auch nichts mehr schreiben können, aber eines seid gewiss, dass wir uns einstens wiedersehen in einer besseren Welt bei unserem lieben Gott."

Der einfache Feldwebel Schmid gehört nicht zu den prominenten Männern des soldatischen Widerstands, auch wenn er seit 1967 vom Staat Israel zu den „Gerechten unter den Völkern" gezählt wird. Ehrungen in militärischen Kreisen erfolgten erst spät. Im Jahr 2000 wurde eine Kaserne in Rendsburg nach ihm benannt, die mittlerweile aufgelöst ist. 2012 erhielt ein Lehrsaal des österreichischen Bundesheeres seinen Namen, 2016 eine Bundeswehrkaserne in Blankenburg im Harz.

Schmid verfolgte weder politische noch militärische Ziele. Stattdessen setzte er sein Leben ein „für die Freiheit des Gewissens und die Würde des Menschen", so sein Biograph Wolfram Wette. Von Schmid selbst ist durch einen Zeugen auf die Frage, ob er nicht sein Leben leichtsinnig riskiere, sinngemäß folgende Aussage überliefert: „Krepieren muss jeder. Wenn ich aber wählen kann, ob ich als Mörder oder als Helfender krepieren soll, dann wähle ich den Tod als Helfer."

*Der Text stützt sich vor allem auf: Wolfram Wette, Feldwebel Anton Schmid. Ein Held der Humanität, Frankfurt a. M. 2013.*
*2020 sendete der ORF die Dokumentation „Anton Schmid – Der gute Mensch von Wilna".*

# „Ich schäme mich, ein Deutscher zu sein!"

## Generalmajor Hellmuth Stieff (1901–1944)

Unter den Verschwörern des 20. Juli stand Hellmuth Stieff nicht in erster Reihe. Vielleicht mag es an seiner zögernden, schwankenden Haltung gegenüber dem Attentat liegen, dass heute im Gegensatz zu Graf Stauffenberg oder Henning von Tresckow keine Kaserne nach ihm benannt ist. Auch tragen nur wenige Straßen seinen Namen. Die Briefe, die er seiner Frau schrieb, zeigen jedoch deutlich, dass seine Bereitschaft zum Widerstand nicht allein dem Wunsch entsprang, eine militärische

Niederlage zu vermeiden oder abzumildern, sondern dass sie aus moralischen Skrupeln erwuchs, die ihm seit Beginn des Zweiten Weltkriegs zusetzten. In dem staatsloyalen, national-konservativen Offizier reifte bald die Erkenntnis, dass er in diesem Krieg zum Werkzeug eines Verbrechers und damit schuldig geworden war.

*Militärische Karriere*

Als fröhlichen, drahtigen Mann von ungewöhnlich kleiner Statur beschreiben Zeitgenossen Hellmuth Stieff. Er sei begeisterungsfähig, von offenem, liebenswürdigem Charakter, aber auch von großer Ernsthaftigkeit und zurückhaltender Sachlichkeit geprägt gewesen. Einzig sein Vorgesetzter, der spätere Generalinspekteur der Bundeswehr, Adolf Heusinger, konnte ihn zeitlebens persönlich nicht recht leiden. Soldatisches Denken und Handeln bestimmte Stieffs Leben. Am 6. Juni 1901 wurde er im westpreußischen Deutsch-Eylau (heute Iława / Polen) als Sohn eines Premierleutnants geboren und evangelisch getauft. Seit 1907 lebte die Familie in der Festungsstadt Graudenz. Nach dem Notabitur 1918 meldete sich der gerade einmal 17-Jährige als Kriegsfreiwilliger. Dem Soldatenstand blieb er auch nach Kriegsende treu. Er absolvierte die Offizierslaufbahn in der Reichswehr. 1936 wurde er in den Generalstab versetzt. Mit der Ernennung zum Generalmajor am 1. Februar 1944 erreichte seine Karriere ihren vermeintlichen Höhepunkt.

Stieff war kein Nationalsozialist. Wie viele Angehörige des Offizierkorps favorisierte er einen starken, durch das Militär gestützten Staat über den Parteien. Die Weimarer Republik bejahte er aus Vernunftgründen. Gleichwohl beobachtete er den Aufstieg der Nationalsozialisten und die Beseitigung der Demokratie in einer distanzierten, tendenziell zustimmenden Haltung. In Hitler sah er 1933 voller Bewunderung den „Begründer einer neuen unzweifelhaft epochalen Weltanschauung." Doch zunehmcnd kamen ihm Zweifel, ob der „Wahnsinn der Einpartei-Herrschaft" der richtige Weg sei.

Seit 1929 war er mit Cäcilie (genannt Ili), geborene Gaertner, Tochter eines katholischen Bergbauunternehmers, verheiratet. Da die beiden aufgrund seiner Lehrgänge und Kommandierungen eine Art „Fernbeziehung" führten, haben sich zahlreiche Briefe erhalten, in denen sowohl seine christliche Überzeugung als auch der Wandel in seiner politischen Einstellung zum Ausdruck kommen. Pflichtbewusstsein war für ihn bestimmend. „Schließlich hat Gott uns ja auf unsern Platz gestellt, damit wir, so gut es immer geht, unsere Pflicht erfüllen", heißt es etwa in einem Brief im August 1934. Was Hellmuth Stieff dann im Krieg mit ansah, erschütterte sein moralisches Grundgefüge – heute würde man bei einer solchen massiven Verletzung des eigenen Wertekanons von „moral injury" sprechen. Entsetzt berichtete er im November 1939 aus dem besetzten Warschau: „Es ist eine Stadt und eine Bevölkerung, die dem Untergang geweiht ist. […] Man bewegt sich dort nicht als Sieger, sondern als Schuldbewusster! […] Diese Ausrottung ganzer Geschlechter mit Frauen und Kindern ist nur von einem Untermenschentum möglich, das den Namen Deutsch nicht mehr verdient. Ich schäme mich, ein Deutscher zu sein!"

### „Werkzeug eines despotischen Vernichtungswillens"

Den Feldzug gegen die Sowjetunion lehnte Stieff aus militärstrategischen Erwägungen ab, wobei ihm der „Kampf gegen den Bolschewismus" durchaus gerechtfertigt erschien. Selten benennt er in den Briefen konkret, was er dort erlebt. Doch er wird ungewöhnlich deutlich, wenn es darum geht, was er inzwischen vom herrschenden Regime hält. Seine anfängliche Bewunderung für den

„Führer" hat in Ablehnung „dieses größenwahnsinnigen Proleten", dieses „Teufels in Menschengestalt" umgeschlagen. Stieff wird Zeuge, dass die Bevölkerung von Leningrad ausgehungert wird und Juden in Zügen nach Osten deportiert werden. Im November 1941 schreibt er Ili: „Den Spaß an meinem Beruf habe ich längst verloren. […] Ich fühle mich nur gezwungenermaßen, keineswegs freiwillig oder gar freudig als Werkzeug eines despotischen Vernichtungswillens, der alle Regeln der Menschlichkeit und des einfachsten Anstandes außer Acht lässt."

Offiziell wahrte er den Schein und hielt Lobesreden auf Hitler. Doch sonst war Stieff nicht gerade vorsichtig in seinen regimekritischen Äußerungen. Gleichgesinnte, die konkrete Pläne zum Sturz Hitlers ausarbeiteten, wurden auf ihn aufmerksam. Oberst Henning von Tresckow, eine der führenden Figuren des militärischen Widerstands, gewann Stieff im Februar 1943 zur Beteiligung an den Umsturzplänen. Stieff verwahrte den Sprengstoff für ein Attentat auf Hitler. Selbst lehnte er es jedoch ab, zum Attentäter zu werden. Und er befürchtete, dass ein Anschlag zu vielen Unschuldigen, wie etwa General Heusinger, das Leben kosten könnte. Als nun am 20. Juli 1944 die Bombe im Führerhauptquartier explodiert war und ihr Ziel verfehlt hatte, tat er, als hätte er von nichts gewusst. „Da hat so ein Verrückter ein Attentat auf den Führer verübt! Fallen Sie nicht darauf herein, da es missglückt ist", soll er seinem Nachfolger im Armeekommando, Oberst von Trotha, am Telefon mitgeteilt haben. Man kann das so interpretieren, dass er seine eigene Haut zu retten versuchte. Man kann es aber auch als Zeichen persönlicher Fürsorge ansehen, indem er um das Scheitern wissend verhinderte, dass andere sich in Verkennung der Lage auf die Seite Stauffenbergs stellten und sich damit selbst massiv gefährdeten.

*„Ich werde in Deinem Glauben sterben."*

Stieff nützte sein Taktieren am 20. Juli nichts. Elf Stunden nach der Explosion wurde er verhaftet und ins Militärgefängnis Lehrter Straße in Berlin gebracht. Vermutlich wurde er gefoltert. Dabei vermied er es, andere zu belasten und rettete auf diese Weise mehreren Mitverschwörern das Leben. Hitler ordnete kurzen Prozess an: „Die müssen hängen ohne jedes Erbarmen." Stieff wurde am 4. August aus der Wehrmacht ausgestoßen, so dass er als „Zivilist" im Volksgerichtshof unter Roland Freisler verurteilt werden konnte. Drei Tage später fand die Verhandlung statt. Während einer „Beratungspause" konnten die Angeklagten Abschiedsbriefe schreiben. Er schrieb seiner Frau, dass er ruhig und gefasst in den Tod gehe. Als letzten Wunsch äußerte er, zur katholischen Kirche überzutreten. „Ich werde in Deinem Glauben sterben und mir als Beistand einen Geistlichen Deiner Kirche geben lassen. […] Der Tod ist kein Ende, sondern nur eine Wandlung. Ich bin von der Unsterblichkeit unserer Seelen fest und gläubig überzeugt." Am Nachmittag des zweiten Verhandlungstages, dem 8. August 1944, wurde das Urteil verkündet; sofort danach wurden die Verurteilten nach Plötzensee gefahren. Eine Stunde später wurde Stieff am Galgen erhängt. Seelsorglicher Beistand war ausdrücklich untersagt worden. Doch dem zuständigen katholischen Gefängnispfarrer Peter Buchholz muss es gelungen sein, dieses Verbot zu umgehen. Nach Kriegsende teilte er Ili Stieff brieflich mit, „dass Ihr Gatte in derselben Haltung, die sein Abschiedsbrief verrät, aufrecht, mannhaft und ergeben in Gottes Willen in den Tod gegangen ist."

*Der Text stützt sich vor allem auf: Horst Mühleisen, Hellmuth Stieff und der deutsche Widerstand, in: Vierteljahrshefte für Zeitgeschichte 39 (1991), Heft 3, S. 339–377; sowie: Helmut Moll, Hellmuth Stieff, in: Zeugen für Christus, hrsg. von Helmut Moll im Auftrag der Deutschen Bischofskonferenz, 6. Aufl., Paderborn u. a. 2015, S. 179–182.*

# „Morgens fünf Erschießungen"
## Abbé Franz Stock (1904–1948)

Die Tagebucheinträge von Franz Stock sind überwiegend knappgehalten. Gleichwohl war der Terminplan des deutschen Seelsorgers in Paris dicht gefüllt. Gottesdienste, Religionsunterricht, Vorträge, Recherchen für eine historische Dissertation, Kunststudien, Gefangenenbesuche – und immer wieder Teilnahme an Exekutionen. Mal wurde einer, mal wurden fünf, mal zwanzig an einem Tag hingerichtet.

*Beistand für Hunderte von Widerstandskämpfern*

Franz Stock war für sie da, über quälende Stunden hinweg, in der Zelle, auf der Fahrt zum Erschießungsplatz – im Lastwagen auf ihren Särgen sitzend –, bis zu ihrem letzten Atemzug. Bei ihm konnten sie die Beichte ablegen, er reichte ihnen die Kommunion, spendete Trost und übermittelte Grüße, letzte Wünsche und persönliche Erinnerungsstücke an die Angehörigen. Oder er diskutierte mit ihnen offen über die Existenz Gottes und die kommunistische Weltrevolution, wenn sie jeglichen religiösen Beistand ablehnten. Über 800 Todeskandidaten waren es innerhalb von zweieinhalb Jahren, die Franz Stock, ab Juni 1941 mit offiziellem Auftrag als Standortpfarrer im Nebenamt in Paris, begleitete. Verurteilt wurden sie in fragwürdigen Prozessen von Gerichten der Deutschen Wehrmacht. 520 Hingerichtete sind dank ihm namentlich bekannt. Gläubige und weniger gläubige Katholiken, Protestanten, Juden, Atheisten. Die meisten von ihnen Franzosen, aber auch einzelne Deutsche, Belgier, Ungarn, viele junge Menschen, manche noch keine zwanzig Jahre alt, viele von ihnen Widerstandskämpfer oder andere, die mit dem deutschen Besatzungsregime in Konflikt geraten waren. Die meisten hauchen wortlos ihr Leben am Erschießungspfahl aus; einer stirbt mit dem Gesang des „Ave Maria" auf den Lippen, manch anderer verflucht seine Peiniger oder schreit: „Lang lebe Stalin!" Wenn man das Tagebuch Franz Stocks zwischen den Zeilen liest, wird deutlich, so der Historiker Étienne François, dass alle, die Stock begleitet hat, von ihm als vollwertige Menschen wahrgenommen wurden, „ungeachtet ihres Alters, ihrer Herkunft, ihrer Religion, ihrer politischen Überzeugung oder ihrer Aktivitäten im Widerstand."

*In Frankreich verliebt*

Ausgesucht hat sich Franz Stock die Aufgabe des „Seelsorgers in der Hölle", wie er später genannt wurde, nicht. Seine Motivation nach Frankreich zu gehen war zunächst einmal eine ganz andere. Er hatte sich quasi in Frankreich verliebt. Die Teilnahme an einem internationalen demokratischen Friedenskongress 1926 war für den 21-jährigen Paderborner Theologiestudenten, Sprössling einer einfachen Arbeiterfamilie aus Neheim im Sauerland, der Auslöser gewesen. In Zeiten, die vom Bild des „Erbfeinds" geprägt waren, konnte er es durchsetzen, drei Semester seines Theologiestudiums in Paris zu absolvieren. Er perfektionierte sein Französisch, lernte aber kurz darauf ebenso eifrig Polnisch, da er als Kaplan in Dortmund eine Gemeinde mit polnischstämmigen Bergleuten zu betreuen hatte.

1934 wurde er Rektor der deutschen katholischen Auslandsgemeinde in Paris. Die deutsch-französische Verständigung lag ihm nach wie vor am Herzen, auch wenn sich die politischen Umstände gewandelt hatten. Kunst und Kultur dienten ihm als Ansatzpunkt, die Nachbarvölker wieder einander näher zu bringen. Paris war inzwischen auch zu einem Treffpunkt deutscher Exilanten geworden. Die deutsche Gemeinde unterstützte sie unabhängig von der Konfession, nicht wenige der Geflohenen waren Juden. Mit der deutschen Kriegserklärung 1939 wurde Stock durch die Botschaft nach Deutschland zurückgeschickt. Ein Jahr später kehrte er in seine Gemeinde zurück, fand diese allerdings sehr verändert vor. Infolge der französischen Niederlage hatten hier jetzt die NS-Machthaber das Sagen. Franz Stock unterhielt ein vertrauensvolles Verhältnis zum deutschen Botschafter, auch wenn dieser NSDAP-Mitglied und Teil des Besatzungsregimes war. Er gab sich loyal ohne politisch zu werden. Allein dadurch konnte er es vermeiden, denunziert zu werden. Sein Einsatz für die Gefangenen auf persönlicher Ebene war indes groß. Er rechtfertigte ihn gegenüber dem Regime mit dem Argument eines propagandistischen Wertes der Einzelseelsorge: Man wolle den Franzosen zeigen, „dass wir keine Barbaren sind."

*Der Christ muss zum Skandal werden*

1944 geriet Stock in Kriegsgefangenschaft, in ein US-amerikanisches Lager für deutsche Gefangene in Cherbourg in der Normandie. Für ihn persönlich muss es sich wie eine Befreiung angefühlt haben. Seine Tagebucheinträge sind jetzt keine nüchterne Wiedergabe von Namen und Ereignissen, sondern persönlich und lebendig gehalten. Die amerikanischen Militärseelsorger akzeptierten ihn als Kollegen. Seitens der französischen Kriegsgefangenenseelsorge bat man ihn, die Leitung eines Seminars für kriegsgefangene deutsche Theologen zu übernehmen. Er entsprach dieser Bitte und verzichtete damit auf eine Entlassung aus der Gefangenschaft und eine Rückkehr in die Heimat. In dem anfangs in Orléans, ab August 1945 bei Chartres eingerichteten „Stacheldrahtseminar" absolvierten etwa 900 deutsche Priesteramtsanwärter, manche noch nicht volljährig, unter Gefangenenbedingungen ihre theologischen Studien. Die ehemaligen Wehrmachtsoldaten hatten nicht nur eine religiöse, sondern auch eine politische Mission: Sie sollten nach dem Willen der Franzosen Multiplikatoren für demokratisches Bewusstsein in einem neuen Deutschland werden. Regens Franz Stock, der für sie wie ein Vater war, zeichnete in seiner Abschlussrede 1947 angesichts des vorausgegangenen Zivilisationsbruchs ein recht düsteres Bild der Gesellschaft. Es habe sich gezeigt, dass kein Staat, keine Nation und keine Partei eine ideale Gemeinschaft hervorbringen könnten. Stock trat für ein unbequemes und mutiges Christentum ein: „Selbst in der Masse muss der

Christ auffallen, anstoßen, zum Skandal werden, denn gerade mit diesem skandalösen Schock beginnt das Apostolat."

## *Für andere aufgezehrt*

Nur wenige Monate nach der Auflösung des Stacheldrahtseminars und nach seiner Ernennung zum Ehrendoktor der Universität Freiburg starb der an Herz und Lunge geschwächte Franz Stock am 24. Februar 1948 in einem kommunistisch verwalteten Pariser Krankenhaus im Alter von nur 43 Jahren. Letztlich hatte er seine eigene Gesundheit für andere aufgezehrt. Seelsorgerlichen Beistand hatte er in seiner Todesstunde keinen.

Die 2017 in einer Edition erschienenen Aufzeichnungen Franz Stocks geben nur einen Bruchteil dessen wieder, was er während des deutschen Besatzungsregimes in Paris für die ihm anvertrauten Menschen geleistet hat. Von den von ihm Betreuten hatten nur wenige die Chance, ihre Erinnerungen festzuhalten. Einer von ihnen war der überzeugte Katholik Edmond Michelet, Angehöriger der Résistance, Häftling im Konzentrationslager Dachau, später Staatsminister unter Charles de Gaulles. Er schrieb über den Seelsorger, den er vor seiner Deportation kennengelernt hatte: „Niemals fragte sich Franz Stock: ist das ein Deutscher oder ein Franzose? Ist er christlich, jüdisch oder ungläubig? Ist er unschuldig oder schuldig? Ihm stellte sich eine einzige Frage: Braucht er mich? Wie kann ich seine Leiden lindern?"

Hochrangige Politiker von Helmut Kohl bis Emmanuel Macron haben im Kontext der deutsch-französischen Versöhnung Franz Stock gewürdigt. 2009 wurde in seinem Heimatbistum Paderborn ein Seligsprechungsverfahren eröffnet. Am 25. Februar 2018 wurde anlässlich seines 70. Todestags in Neheim ein Pontifikalamt gefeiert, das vom ZDF übertragen wurde. In Frankreich ist er heute bekannter als in Deutschland. Der Platz vor dem Memorial de la France Combattante, nur wenige Schritte vom Ort der Hinrichtungen entfernt, erhielt 1990 den Namen „Place de l'Abbé Franz Stock". Papst Johannes XXIII., vormaliger Nuntius in Paris, prägte den Satz: „Franz Stock ist nicht nur ein Name – er ist ein Programm!"

*Der Text stützt sich vor allem auf: Jean-Pierre Guérend (Hrsg.), Franz Stock. Wegbereiter der Versöhnung. Tagebücher und Schriften. Mit einer Einleitung von Prof. Étienne François. Aus dem Französischen von Andreas Förster, Freiburg im Breisgau 2017.*

*Im Elternhaus von Franz Stock in Arnsberg-Neheim befindet sich heute die Gedenkstätte Abbé Franz Stock. Nähere Informationen über ihn finden sich auf der Internetseite des Franz-Stock-Komitees unter www.franz-stock.org.*

# „Der Herr soll mich brauchen, ein Sonnenstrahl zu sein ..."

Schwester Maria Euthymia Üffing (1914–1955)

Es ist April 1914 – drei Monate vor Ausbruch des Ersten Weltkriegs – als Emma Üffing in Halverde geboren wird. Sie wächst in dem kleinen Dorf in Westfalen auf einem Bauernhof auf. Früh erkrankt sie an Rachitis und ist lebenslang gesundheitlich angeschlagen. Das hält sie aber nicht davon ab, ihre Familie tatkräftig auch bei körperlicher Arbeit zu unterstützen. „Dat kann ick wuoll!" (Das kann ich wohl!) Emmas Mutter Maria erzieht ihre Kinder sehr fromm. Jeden Morgen besuchen sie gemeinsam den

Gottesdienst. Eine sticht aus der Familie heraus: Emma. Im Dorf wird sie schon als Kind „Üffings Nönneken" (Üffings Nonne) genannt. Sie ist immer fröhlich, aber auch sehr zurückhaltend. Sie übernimmt die unbeliebtesten Arbeiten, jedoch so selbstverständlich, dass man es kaum bemerkt. Bereits in jungen Jahren äußert sie den Wunsch, Ordensfrau zu werden. Das wird ihr aber von ihrer Mutter verwehrt. Mit 17 Jahren geht sie ins Sankt-Anna-Krankenhaus in den Nachbarort Hopsten, wo sie eine Ausbildung zur Hauswirtschafterin absolviert. Geleitet wird das Krankenhaus von den Barmherzigen Schwestern von Münster, den Clemensschwestern.

1934 tritt die mittlerweile 20-Jährige in den Orden der Clemensschwestern in Münster ein und beginnt eine Ausbildung zur Krankenschwester. In einem Brief schreibt sie: „Manche Freudentage habe ich hier im Kloster bereits verlebt. Schon in den ersten Tagen fühlte ich mich ganz heimisch im Kreise meiner lieben Mitschwestern. Der göttliche Heiland gibt mir täglich besser zu verstehen, dass er mich erwählt und in seinen Dienst berufen hat. Wohl kommen hier und da Opfer vor, doch die Liebe ist stärker und überwindet alles."

*„Sie alle sind Menschen; jeder ein Mensch mit Leib und Seele"*

Als sie die Prüfung zur Desinfektorin zwei Jahre später erfolgreich besteht, wird sie nach Dinslaken ins St.-Vinzenz-Hospital versetzt. Für die nächsten Jahre wird die Stadt am Niederrhein ihr Lebensmittelpunkt.

Schwester Euthymia wird zunächst auf der Frauenstation eingesetzt. Wenig später tut sie Dienst auf der Isolierstation für ansteckende Krankheiten. Gemeinsam mit zwei weiteren Frauen ist sie dort für 50 Betten zuständig. Sie habe dort nicht nur mit Klugheit und Umsicht gepflegt, sondern verlor auch nie ihre Fröhlichkeit und Herzlichkeit, berichten Zeitgenossen. Kurz nach Beginn des

Zweiten Weltkriegs besteht Schwester Euthymia in Münster ihre Abschlussprüfung als ordentliche Krankenschwester. Unabhängig von dieser erfolgreichen Prüfung kommt es zeitgleich zur Einberufung zu Lazarettdiensten. Das Rote Kreuz leitet 255 Schwestern an die verschiedensten Lazarette.

Während des gesamten Kriegs bleibt Schwester Euthymia in Dinslaken und pflegt die Kriegsgefangenen und Zwangsarbeiter. Mittlerweile sind es 70 Patienten, die in der Isolierstation, auch St.-Barbara-Baracke genannt, betreut und gepflegt werden müssen.

„Was der Krieg doch alles mitbringt. Elend, Not und Sorgen, das ist wohl fast überall das Tagtägliche." (aus einem Brief aus dem Vinzenzhospital an ihren Bruder Hermann)

Im Februar 1943 wird sie unterstützt vom kriegsgefangenen französischen Pfarrer Emile Eche. Viele Jahre später berichtet er in einem Buch über seine gemeinsamen Jahre mit Schwester Euthymia im St.-Vinzenz-Hospital. Dort schreibt er: „Schwester Euthymia sprach weder russisch noch ukrainisch, weder polnisch noch französisch, weder serbisch noch kroatisch noch holländisch noch italienisch, und doch machte sie sich einem jeden verständlich." Sie sei immer von derselben Güte, von der gleichen Freundlichkeit. Sie zeige immer das gleiche gute Lächeln. Von einer solch anziehenden Seele könne nur Glückhaftes ausstrahlen. Allein durch ihre Gegenwart habe sie vollkommenen Frieden hergestellt.

Sie selbst formuliert ihre Lebenseinstellung mit den Worten: „Der Herr soll mich brauchen, ein Sonnenstrahl zu sein, der alle Tage leuchtet. Das möchte ich lernen, Herr, dass ich bei allem, was du schickst, ganz strahlend, ganz verlangend vor dir stände. Und keine Worte, keine Antwort fände als nur ein frohes: Ja! Es ist ja alles für den großen Gott!"

Mit unermüdlicher Sorge und ohne jedweden Ekel kümmert sie sich um die Verletzten. Die Nationalität ihrer Patienten spielt nicht die geringste Rolle: „Sie alle sind Menschen; jeder ein Mensch mit Leib und Seele." Diese Einstellung trägt sie nach außen und wird so für jeden sichtbar. Ein Gefangener sagte über sie: „Im Vinzenz-Hospital gab es keine SS, sondern war christliche Liebe. Ich wurde als menschliches Wesen behandelt." Andere nannten sie „Mama Euthymia" und „Engel der Liebe".

Kurz vor Ende des Kriegs wird das Hospital bei einem Bombenangriff fast vollständig zerstört. Nachdem das Krankenhaus teilweise wieder hergerichtet ist, wird Schwester Euthymia mitgeteilt, dass sie von nun in der Waschküche eingesetzt werden soll. Obwohl sie aus vollem Herzen Krankenschwester ist, nimmt sie auch diese Herausforderung ohne Widerspruch an. 1948 geht sie zurück ins Mutterhaus nach Münster und übernimmt dort die Leitung der Wäscherei. Die Arbeit findet sie hart und eintönig, aber auch jetzt sagt sie sich: „Dat kann ick wuoll!"

Eines Tages bricht sie zusammen. Krebs wird diagnostiziert. Zwei Monate später stirbt Schwester Euthymia im September 1955. 42 Jahre nach ihrem Tod wird Schwester Maria Euthymia in Rom von Papst Johannes Paul II. seliggesprochen.

*Der Text stützt sich vor allem auf: Anna-Maria Balbach, Die Barmherzigen Schwestern zu Münster zur Zeit des Nationalsozialismus, Münster 2007; Bistum Münster (Hrsg.), Schwester Maria Euthymia. Ihr Leben – Ihre Seligsprechung – Ihre Ausstrahlung, Münster 2001; Emile Eche, Ich diente und mein Lohn ist Frieden. Die Clemensschwester Maria Euthymia in den Erinnerungen des kriegsgefangenen französischen Soldatenpriesters Emile Eche, 13. Aufl., Münster 2002.*

# Die Gedanken sind frei.

Isa Vermehren (1918–2009)

Es war auf den ersten Blick betrachtet nicht die leichteste Kost, die der damalige Militärgeneralvikar Jürgen Nabbefeld – an sich als humorvoller und lebensfroher Mensch bekannt – anlässlich seines 50. Geburtstags den Gästen im Bonner Hotel Residence auftischte. Am 27. Januar 1999, zugleich der Gedenktag der Befreiung von Auschwitz, referierte eine 80-jährige Frau, die drei Konzentrationslager überlebt hatte und dort Zeugin von Misshandlungen und Morden geworden war. Nabbefeld erzählte eingangs, er habe das Buch der Zeitzeugin auf einer Bahnfahrt nach Fulda gelesen und dieses nicht mehr aus der Hand legen können – außer zum Gespräch mit dem Militärbischof. Die Ordensschwester Isa Vermehren, die noch als alte Dame die Zuhörer in ihren Bann ziehen konnte, hatte schon als Jugendliche in ganz anderen Zusammenhängen für Begeisterung gesorgt – die *Berliner Morgenpost* nannte sie bereits 1933, als sie mit gerade einmal 15 Jahren auf der Bühne stand, ein „Naturereignis".

Im letzten Jahr des Ersten Weltkriegs wurde Isa in eine großbürgerliche Lübecker Familie hineingeboren. Der Vater war Rechtsanwalt, die Mutter stammte aus einer Industriellenfamilie und arbeitete später als Auslandskorrespondentin. Man reiste viel, war weltoffen und liberal, begrüßte den gesellschaftlichen und kulturellen Aufbruch der zwanziger Jahre und weinte der untergegangenen Monarchie keine Träne nach. Religion spielte kaum eine Rolle. Selbstverständlich war man evangelisch und ging einmal im Jahr in die Kirche. 1933 kam die entscheidende Wende. Auf dem Mädchengymnasium, das Isa besuchte, brachen neue Grabenkämpfe unter politischem Vorzeichen auf. Alle Mädchen sollten antreten und der Hakenkreuzfahne die Ehre erweisen. Nur eine als „Halbjüdin" gebrandmarkte Schülerin wurde davon ausgeschlossen. Aus Empörung über diese Ausgrenzung verweigerte auch deren Freundin Isa den Flaggengruß. Sie flog von der Schule und zog mit ihrer Mutter nach Berlin.

## Kabarett und Katholizismus

Die Reichshauptstadt brachte sie mit zwei sehr unterschiedlichen Metiers in Berührung, die beide den neuen Machthabern ein Dorn im Auge waren: das politische Kabarett und die katholische Kirche. Das selbstbewusste junge Mädchen, das singen konnte und ein loses

Mundwerk hatte, bekam ein Engagement in Werner Fincks Kabarett „Die Katakombe". Finck wurde von den Nazis als „Kultur-Bolschewist" verhöhnt. Zu seinem Markenzeichen wurden doppeldeutige Anspielungen und unausgesprochene Pointen. Mit Blick auf die sich Notizen machenden mutmaßlichen Gestapo-Leute im Zuschauerraum fragte Finck: „Spreche ich zu schnell? Kommen Sie mit? Oder soll ich mitkommen?" Isa stand in ihrer unbekümmerten Art mit dem Schifferklavier auf der Bühne und sang rotzfreche Strophen von „Eine Seefahrt, die ist lustig", in denen die Zuschauer Anspielungen auf Nazi-Größen erkannten. Publikum und Kritiker waren begeistert. Doch 1935 wurde das letzte politische Kabarett Berlins über Nacht geschlossen, nachdem Gestapo-Untersuchungen zu dem Schluss gekommen waren, dass hier „unter der Maske heiterer Kunst Staat, Regierung, führende Nationalsozialisten und Staatseinrichtungen in gehässiger Weise vor einem überwiegend jüdischen Publikum lächerlich gemacht werden." Vermehren sang andernorts weiter. Zudem bekam sie Rollen in Spielfilmen und besuchte nebenbei ein Abendgymnasium, um das Abitur nachzuholen. So sehr es ihr lag, Menschen zu unterhalten und zum Lachen zu bringen, so fragte sie auch nach tieferen Sinnzusammenhängen. In dem, was die Propaganda von sich gab, konnte sie für sich keinen Sinn erkennen. Sie kam in Berlin in Kontakt zu tiefgläubigen katholischen Menschen, die 1937 die Enzyklika *Mit brennender Sorge* verbreiteten und die junge Frau zum Beten animierten. Dem Befremden ihrer Eltern zum Trotz konvertierte sie als 20-Jährige zur katholischen Kirche. „Gefangen und vereinnahmt durch die Evidenz Gottes" habe sie sich dabei gefühlt.

*Ein Gefühl von Heimat und Frieden*

Im Zweiten Weltkrieg meldete sie sich freiwillig zum Roten Kreuz. Sie half bei der Pflege verwundeter Wehrmachtsoldaten, aber hauptsächlich sorgte sie als Truppenbetreuerin mit Musik und Gesang für Ablenkung, Besinnung und gute Laune. In Frankreich, Italien, Russland und Norwegen war sie im Einsatz, mit dem Ziel, den Soldaten das Gefühl von Heimat und Frieden wieder zu bringen. Isa fand in dieser Zeit ihre große Liebe, doch ihr Verlobter hegte wie sie den Gedanken an ein Leben im Dienst der Kirche, so dass sie die Verlobung bald wieder lösten. Letztlich sollte er von der Ostfront nicht zurückkehren.

Nachdem Anfang 1944 Isas Bruder, der in diplomatischen Diensten in der Türkei tätig war, zu den Alliierten übergelaufen war, wurde Isa Vermehren mit anderen Familienmitgliedern in Sippenhaft genommen. Sie kam ins Konzentrationslager Ravensbrück. Was sie dort erlebte, konnte sie bereits zwei Jahre später in ihrem Buch „Reise durch den letzten Akt" ans Licht der Öffentlichkeit bringen. Zwar widerfuhr ihr als „Schutzhäftling" im Zellenbau eine bessere Behandlung als manch anderem Lagerinsassen. Gleichwohl bedeuteten die feuchte Zelle, die Ungewissheit und die Schikanen eine Lage, die einen zum Verzweifeln bringen konnte. Nachts bekam sie mit, wenn Frauen und Männer aus Nachbarzellen herausgeführt und ein paar Meter weiter erschossen wurden. Doch Isa ließ sich nicht unterkriegen. Wie schon bei der Truppenbetreuung in der Wehrmacht half ihr die Musik, die sie auch zum seelischen Wohle ihrer Mitmenschen einsetzte. Es gelang ihr, bei einem Nachmittagskonzert im Lager aufzutreten und dabei „Die Gedanken sind frei" anzustimmen. Das Lied entfaltete, so schrieb sie, „eine wahrhaft berauschende Wirkung". Für einen Moment konnte das Bewusstsein unter den Häftlingen um sich greifen, dass der Mensch in seinem seelischen Bewusstsein letztlich unangreifbar war.

Nach dem 20. Juli 1944 kam Vermehren in Kontakt mit Vertretern der alten militärischen Eliten, die man ebenfalls in Ravensbrück interniert hatte, darunter der ehemalige Reichswehrminister Otto Geßler oder der frühere Generalstabschef Franz Halder – in Vermehrens Augen „ein vollendeter Typ der alten Offiziersgeneration". Der Heimkehr 1945 ging ein mühevoller Weg über Buchenwald, Dachau, Italien und Frankreich voraus. Bei einem Zwischenaufenthalt in Paris wurden die ehemaligen Häftlinge von aufgebrachten Franzosen als Deutsche beschimpft.

*Schule des Glaubens*

Die Zeit im KZ empfand Isa Vermehren im Nachhinein als Schule ihres Glaubens. Sie verlor dabei nicht den Glauben an Gott, wohl aber an die Güte der Menschen. Wie leicht das Gute im Menschen verloren gehen könne, wenn es nicht gepflegt wurde, hatte sie bei der Begegnung mit Aufseherinnen, SS-Männern und anderen Häftlingen immer wieder wahrgenommen. Eine Gesellschaft müsse an einen moralischen Wertkonsens gebunden sein, der nur „in enger Bindung an den Gott der Offenbarung" gewonnen werden könne, so referierte sie 50 Jahre später am Ort ihrer Haft. Isa Vermehren entschied sich für ein gottgeweihtes Leben. Sie studierte an der Universität Bonn neben anderen Fächern Katholische Theologie. Noch einmal wandte sich die Studentin dem Filmmetier zu. In dem Episodenfilm „In jenen Tagen" (1947) spielt sie eine junge Frau, die einer adeligen Dame zur Flucht verhelfen will – in dem heimlichen Wissen, dass deren Sohn zu den Verschwörern des 20. Juli gehörte.

1951 trat Vermehren dem Schwesternorden der Gesellschaft vom Heiligen Herzen Jesu (Sacré-Cœur) bei. Dort wirkte sie als Lehrerin und Schulleiterin, zunächst in Bonn-Beuel, später in Hamburg. Doch auch im Ruhestand blieb sie umtriebig. Von 1983 bis 1995 sprach sie das „Wort zum Sonntag" in der *ARD*. Noch bis kurz vor ihrem Tod mit 91 Jahren war sie eine gefragte Rednerin, die in zahlreichen Interviews und Vorträgen ihr bewegtes Leben schilderte. Auch wenn die Themen ihrer Auftritte ernster waren als zu Beginn ihres öffentlichen Wirkens, hat sie bis zuletzt weder ihre Bühnenpräsenz noch ihren Humor verloren.

*Der Text stützt sich vor allem auf: Isa Vermehren, Reise durch den letzten Akt. Ravensbrück, Buchenwald, Dachau: eine Frau berichtet, Reinbek bei Hamburg 2012 [Originalausgabe 1946]; Matthias Wegner, Ein weites Herz. Die zwei Leben der Isa Vermehren, Berlin 2004; sowie auf Unterlagen im Archiv des Katholischen Militärbischofs.*

# Zu den Autoren

Michael Fischer, B. A. (FH): geb. 1978, Soldat auf Zeit bei der Bundeswehr, examinierter Altenpfleger, Studium in Potsdam, 2018 Praktikant am Archiv des Katholischen Militärbischofs; seit 2019 Archivar am Bundesarchiv in Berlin-Lichterfelde.
*Beitrag: „Ein typischer Vertreter der streitenden Kirche"*
*(S. 33-38)*

Friederike Frücht, Dipl.-Theol.: geb. 1988, Studium in Münster; seit 2017 an der Kurie des Katholischen Militärbischofs in Berlin, seit 2019 Chefredakteurin der Zeitschrift „Kompass. Soldat in Welt und Kirche".
*Beitrag: „Der Herr soll mich brauchen, ein Sonnenstrahl zu sein ..."(S. 124-127)*

Martin J. Gräßler, M. A., Major d. Res.: geb. 1986, Studium in Dresden; seit 2019 Lehrstabsoffizier für Militärgeschichte an der Offizierschule des Heeres Dresden, seit 2020 Studienrat am Humboldt-Gymnasium Radeberg.
*Beitrag: Der schwarze General (S. 22-27)*

Dr. Markus Seemann, M. A., Archivoberrat i. K.: geb. 1980, Geschichtsstudium und Promotion in Augsburg, Referendar im Sächsischen Staatsarchiv, Referent im Niedersächsischen Landesarchiv; seit 2014 Leiter des Archivs des Katholischen Militärbischofs in Berlin.
*alle übrigen Beiträge*

# Bildnachweis

S. 17 (Faulhaber): Wikipedia / gemeinfrei

S. 22 (Groppe): Gerhard Hess Verlag Bad Schussenried

S. 28 (Häfner): Bayerisches Hauptstaatsarchiv München

S. 33 (Hamm): Bischöfliches Diözesanarchiv Aachen

S. 39 (Hofer): Archiv des Katholischen Militärbischofs Berlin

S. 45 (Hosenfeld): Familienarchiv Hosenfeld Fulda

S. 51 (van Husen): Porträt aus seiner Zeit als Verwaltungsrichter; Manfred Lütz

S. 57 + Titel (Jägerstätter): Erna Putz

S. 63 (Kaiser): KIM-Archiv

S. 68 + Titel (Kitzelmann): EOS-Verlag St. Ottilien

S. 73 (Kniebeler): Archiv des Katholischen Militärbischofs Berlin

S. 77 + Titel (Lorenz): Morus-Verlag Berlin

S. 83 (Mayer): Als Feldgeistlicher 1915 in den Vogesen; Archiv der Deutschen Provinz der Jesuiten München

S. 89 (Metzger): Archiv des Christkönigs-Instituts Meitingen

S. 95 (Reinisch): Wikipedia / gemeinfrei

S. 101 (Reuß): Archiv des Katholischen Militärbischofs Berlin

S. 107 (Schmid): ullstein bild

S. 112 (Stieff): Bundesarchiv

S. 118 (Stock): Archiv des Franz-Stock-Komitees Arnsberg

S. 124 (Üffing): Clemensschwestern Münster

S. 128 + Titel (Vermehren): ullstein bild / ullstein bild via Getty Images

# Carola Hartmann Miles-Verlag

### Militär und Gesellschaft

**Wolf Graf von Baudissin,** *Grundwert Frieden in Politik – Strategie – Führung von Streitkräften,* hrsg. von Claus von Rosen, Berlin 2014.

**Marcel Bohnert, Lukas J. Reitstetter (Hrsg.),** *Armee im Aufbruch. Zur Gedankenwelt junger Offiziere in den Kampftruppen der Bundeswehr,* Berlin 2014.

**Phil C. Langer, Gerhard Kümmel (Hrsg.),** *„Wir sind Bundeswehr." Wie viel Vielfalt benötigen/vertragen die Streitkräfte?,* Berlin 2015.

**Eberhard Birk, Peter Andreas Popp (Hrsg.),** *Luftwaffenoffizier 21. Das Selbstverständnis des Luftwaffenoffiziers zu Beginn des 21. Jahrhunderts, (aus der Reihe Schriften zur Geschichte der Deutschen Luftwaffe, Band 5),* Berlin 2016.

**Alois Bach, Walter Sauer (Hrsg.),** *Schützen. Retten. Kämpfen. Dienen für Deutschland,* Berlin 2016.

**Marcel Bohnert, Björn Schreiber (Hrsg.),** *Die unsichtbaren Veteranen. Kriegsheimkehrer in der deutschen Gesellschaft,* Berlin 2016.

**Angelika Dörfler-Dierken (Hrsg.),** *Hinschauen! Geschlecht, Rechtspopulismus, Rituale: Systemische Probleme oder individuelles Fehlverhalten?,* Berlin 2019.

**Alois Bach, Carola Hartmann (Hrsg.),** *Unbekannte Helden des Alltags – Soldaten und Ehefrauen berichten über Verantwortung, Humanität und Belastung im Auslandseinsatz,* Berlin 2020.

### Schriften zur Tradition

**Eberhard Birk, Winfried Heinemann, Sven Lange (Hrsg.),** *Tradition für die Bundeswehr. Neue Aspekte einer alten Debatte,* Berlin 2012.

**Donald Abenheim, Uwe Hartmann (Hrsg.),** *Tradition in der Bundeswehr. Zum Erbe des deutschen Soldaten und zur Umsetzung des neuen Traditionserlasses,* Berlin 2018.

**Joachim Welz,** *Vom Kontingentsheer zum Reichsheer: Militärkonventionen als Motor der Wehrverfassung,* Berlin 2018.

**Donald Abenheim, Uwe Hartmann,** *Einführung in die Tradition der Bundeswehr. Das soldatische Erbe in dem besten Deutschland, das es je gab,* Berlin 2019.

**Eberhard Birk, Heiner Möllers (Hrsg.),** *Die Luftwaffe und ihre Traditionen (aus der Reihe Schriften zur Geschichte der Deutschen Luftwaffe, Band 10),* Berlin 2019.

**Hans-Günter Behrendt (Hrsg.):** *Erinnerungsorte der Bundeswehr – Personen, Ereignisse und Institutionen der soldatischen Traditionspflege,* Berlin 2020.

## Erinnerungen

**Blue Braun,** *Erinnerungen an die Marine 1956–1996,* Berlin 2012.

**Klaus Grot,** *So war's, damals. Dienstchronik eines Pionieroffiziers im Kalten Krieg 1954–1991,* Berlin 2014.

**Gustav Lünenborg,** *Bürger und Soldat. Innere Führung hautnah 1956–1993, 1993–2015,* Berlin 2015.

**Adolf Brüggemann,** *Als Offizier der Bundeswehr im Auswärtigen Dienst. Meine Erinnerungen als Militärattaché in Seoul (Republik Korea) 1978–83 und in Prag (Tschechoslowakei/Tschechien) 1988–1993,* Berlin 2015.

**Rainer Buske,** *Eine Reise ins Innere der Bundeswehr. Wundersame Geschichten aus einer anderen Welt,* Berlin 2016.

**Heinz Laube,** *Duell am Himmel,* Berlin 2016.

**Viktor Toyka,** *Dienst in Zeiten des Wandels. Erinnerungen aus 40 Jahren Dienst als Marineoffizier 1966-2000,* Berlin 2017.

**Hans-Eckhard Tribess (Hrsg.),** *Im Leben unterwegs – für den Frieden. Festschrift für Wolfgang Altenburg zum 90. Geburtstag am 22. Juni 2018,* Berlin 2019.

**Kurt Graf v. Schweinitz,** *Notizen im Transit von Krieg und Frieden,* Berlin 2020.

## Militärgeschichte

**Eberhard Kliem, Kathrin Orth,** *"Wir wurden wie blödsinnig vom Feind beschossen". Menschen und Schiffe in der Skagerrakschlacht 1916,* Berlin 2016.

**Hans Frank, Norbert Rath,** *Kommodore Rudolf Petersen. Führer der Schnellboote 1942–1945. Ein Leben in Licht und Schatten unteilbarer Verantwortung,* Berlin 2016.

**Eckhard Lisec,** *Der Völkermord an den Armeniern im 1. Weltkrieg – Deutsche Offiziere beteiligt?,* Berlin 2017.

**Ingo Pfeiffer,** *Heinz Neukirchen. Marinekarriere an wechselnden Fronten,* Berlin 2017.

**Joachim Welz,** *Erfolgsstory oder Trauma – die Übernahme von Armeen. Lehren aus der Übernahme des österreichischen Bundesheeres in die Wehrmacht 1938 und der Reste der NVA in die Bundeswehr 1990,* Berlin 2018.

**Joachim Hoppe, Manfred Wilde (Hrsg.),** *Die Unteroffizierschule des Heeres, Die militärische Meisterschule,* Berlin 2016.

**Georg Neuhaus,** *Am Anfang war ein Speer. Eine Chronographie der Kriegs- und Militärtechnologien,* Berlin 2018.

**Hans-Werner Ahrens,** *Die Transportflieger der Luftwaffe 1956 bis 197. Konzeption – Aufbau – Einsatz, (Reihe Schriften zur Geschichte der Deutschen Luftwaffe, Band 8),* Berlin 2019.

**Jobst Reller,** *Die Anfänge der evangelischen Militärseelsorge,* Berlin 2019.

**Eberhard Frhr. v. Senden, Friedrich Frhr. v. Senden,** *Der Erste Weltkrieg 1914–1918. Erlebnisse eines jungen Leutnants,* Berlin 2020

## Jahrbuch Innere Führung (seit 2009)

**Uwe Hartmann, Claus von Rosen (Hrsg.),** *Jahrbuch Innere Führung 2018. Innere Führung zwischen Aufbruch, Abbau und Abschaffung: Neues denken, Mitgestaltung fördern, Alternativen wagen,* Berlin 2018.

**Uwe Hartmann, Claus von Rosen (Hrsg.),** *Jahrbuch Innere Führung 2019. Bundeswehr im Aufbruch. Hindernisse von den verteidigungspolitischen Vorstellungen der AFD bis zu den sicherheitspolitischen Meinungen in der Zivilgesellschaft,* Berlin 2019.

## Standpunkte und Orientierungen

**Hartwig von Schubert,** *Integrative Militärethik. Ethische Urteilsbildung in der militärischen Führung,* Berlin 2015.

**Uwe Hartmann,** *Hybrider Krieg als neue Bedrohung von Freiheit und Frieden. Zur Relevanz der Inneren Führung in Politik, Gesellschaft und Streitkräften,* Berlin 2015.

**Klaus Beckmann,** *Treue.Bürgermut.Ungehorsam. Anstöße zur Führungskultur und zum beruflichen Selbstverständnis in der Bundeswehr,* Berlin 2015.

**Uwe Hartmann,** *Der gute Soldat. Politische Kultur und soldatisches Selbstverständnis heute,* Berlin 2018.

**Christian Bauer, Marcel Bohnert, Jan Pahl,** *Vitalis Innere Führung! Zum Status Quo der Führungskultur in den deutschen Streitkräften,* Berlin 2018.

**Helmut Jermer,** *Innere Führung kompakt. Eine Zusammenschau als Lehr- und Lernhilfe,* Berlin 2019.

## Offiziersbibliothek

**Uwe Hartmann,** *Offiziersbibliothek I: Deutschland,* Berlin 2020.

## www.miles-verlag.jimdo.com